Schwarzkümmel

W0108474

Zum Buch
In Ägypten zählt Schwarzkümmel bereits seit Jahrtausenden zu den
erprobten natürlichen Heilmitteln. Endlich hat man auch bei uns
– mittlerweile sogar in der Apparatemedizin – seine Heilkraft entdeckt. In diesem Buch erfahren Sie, wie Sie den Schwarzkümmel zu-
bereiten und anwenden können. Sie werden sehen: Es gibt kaum eine
Zivilisationskrankheit, die sich nicht durch das Wundermittel der
Pharaonen lindern ließe!

Zu den Autoren
Dr. Peter Schleicher ist Arzt und einer der führenden Immunologen
Deutschlands.
Dr. Dr. Mohamed Saleh, Mediziner ägyptischer Herkunft, brachte
das umfassende Wissen arabischer Kulturen auf dem Gebiet der
Schwarzkümmeltherapie mit ein.
Hans Wagner (Koautor) ist freier Journalist und Autor. Er beschäftigt
sich vor allem mit gesundheitlichen Themen.

Dr. med. Peter Schleicher
Dr. Dr. med. Mohamed Saleh

● ●

Schwarzkümmel

Die natürliche Abwehr
von Bakterien und Pilzen

Econ & List Taschenbuch Verlag

Veröffentlicht im Econ & List Taschenbuch Verlag 1999

Der Econ & List Taschenbuch Verlag
ist ein Unternehmen der Econ & List Verlagsgesellschaft, München

© 1996 by Südwest Verlag GmbH & Co. KG, München

Die Ratschläge in diesem Buch sind von Autoren und Verlag sorgfältig erwogen und geprüft; dennoch kann eine Garantie nicht übernommen werden. Eine Haftung der Autoren bzw. des Verlags und seiner Beauftragten für Personen-, Sach- und Vermögensschäden ist ausgeschlossen.
Umschlagkonzept: Büro Meyer & Schmidt, München – Jorge Schmidt
Titelkonzept und Umschlaggestaltung: Petra Soeltzer, Düsseldorf
Titelabbildung: Ernst Schacke/Naturbild/OKAPIA
Satz: Econ & List Taschenbuch Verlag
Druck und Bindearbeiten: Ebner Ulm
Printed in Germany
ISBN 3-612-20627-3

Inhalt

Vorwort

Schwarzkümmel – ein neues Wundermittel?

Von Schwarzkümmel haben Sie vielleicht noch nie etwas gehört. Dennoch sollten Sie sich diesen Namen merken. Denn Schwarzkümmel birgt ungeahnte Möglichkeiten in sich: Die 30 bis 60 Zentimeter hohe Pflanze aus Ägypten enthält in mohnähnlichen Kapseln wertvolle Samen. Mit über 100 hochwirksamen und gesundheitsfördernden Inhaltsstoffen, vor allem mehrfach ungesättigten Fettsäuren, ist Schwarzkümmel unentbehrlich für unser Immunsystem.

Im täglichen Leben sind wir einer Vielzahl von Mikroorganismen, z.B. Bakterien, Viren und Pilzen, ausgesetzt. Diese Erreger können in unserem Körper bestimmte Krankheiten verursachen. Aber unser Körper verfügt über einen gut funktionierenden Abwehrmechanismus – das Immunsystem. Es greift die schädlichen Eindringlinge an und vernichtet sie.

Durch ständigen Streß, falsche Ernährung, Umweltverschmutzung, Bewegungsarmut, Schlafmangel oder aggressive Medikamente wird unser Immunsystem so geschwächt, daß es nicht mehr optimal arbeiten kann. Die Abwehrschwäche führt zum Anstieg zahlreicher Krankheiten, beispielsweise Erkältungskrankheiten, Allergien, Hautkrankheiten, Atemwegs- und Pilzkrankheiten oder sogar Krebs.

Was dieser Ratgeber für Sie leistet
Wenn Sie das Buch durchlesen, werden Sie merken, daß Schwarzkümmel gegen sehr viele Krankheiten hilft. »Das gibt es doch nicht«, werden Sie vielleicht zweifeln. Aber die zahlreichen Wirkungen von Schwarzkümmel lassen sich leicht nachvollziehen, gehen sie doch alle auf die Stärkung des Immunsystems zurück. Daneben tötet er Viren, Bakterien und Pilze ab. Die Wirkungsweise von Schwarzkümmel wurde von deutschen und amerikanischen Forschern nachgeprüft und bestätigt.

In diesem Buch erfahren Sie, wie Schwarzkümmel das menschliche Immunsystem stabilisiert und wieder aufbaut. Darüber hinaus sind für zahlreiche Krankheiten spezielle Schwarzkümmelanwendungen enthalten, die mit möglichst geringem Aufwand den größten Nutzen für Ihre Fitneß und Gesundheit bieten.

Außerdem bietet Ihnen dieser Gesundheitsratgeber einen speziellen Rezeptteil. Gesundheit und leckere Rezepte mit Schwarzkümmel gehen Hand in Hand. In den USA ist Schwarzkümmel längst zur populären Nahrungsergänzung geworden. Die unterschiedlichen Zubereitungen des Schwarzkümmels eignen sich zur Vorbeugung und zur natürlichen Heilung vieler Krankheiten. So können Sie sich gesund kochen, ja allein mit dem Speiseplan vor Krankheiten schützen, von Erkältungskrankheiten und Allergien bis hin zu Diabetes und Krebs.

Ihre ganz persönliche Schwarzkümmelkur und ein umfangreiches »Alphabet der Hausapotheke« beschließen das Schwarzkümmelprogramm für Ihre Gesundheit.

Lassen Sie sich zum Schwarzkümmel verführen! Sie werden es nicht bereuen, einen neuen Weg zu Gesundheit und Fitneß ausprobiert zu haben.

Herkunft des Schwarzkümmels

• •

Ägyptischer Schwarzkümmel

Ägyptischer Schwarzkümmel (*Nigella sativa*), der für Heilzwecke am besten geeignet ist, wird inmitten der Arabischen Wüste in ausgedehnten Oasen angebaut. Da der Schwarzkümmel bevorzugt in warmen, niederschlagsarmen Gebieten wächst, ist Südägypten das ideale Anbaugebiet. Hier paßt auch der Boden, der locker und sandig sein muß, damit sich der Schwarzkümmel wohl fühlt.

Neben *Nigella sativa*, dem ägyptischen Schwarzkümmel, gibt es noch eine Reihe weiterer Schwarzkümmelarten, die jedoch keine Bedeutung als Heilpflanzen haben und sogar giftig sein können wie die *Nigella garidella*. Das Gewächs ist auch in unseren Breiten heimisch, jedoch meist nur als Zierpflanze. Schwarzkümmel trägt illustre Namen wie »Jungfer im Grünen«, »Gretel im Busch«, »Gretel in der Heck'«, »Braut in Haaren«, »Lowe in a mist«, »Devil in a bush« oder »Cheveaux de Venus«.

Der ägyptische Schwarzkümmel ist nicht zu verwechseln mit dem indischen Kreuzkümmel (*Cuminus*) oder dem bei uns bekannten Kümmel (*Carum carvi*).

Botanische Kennzeichen

● Die Schwarzkümmelpflanzen sind einjährig und werden zwischen 30 und 60 Zentimeter hoch.

● Sie haben leicht behaarte Stengel und grünglänzende, gefiederte Blätter. Die Blüten sind milchweiß, an der Spitze grünlich oder bläulich gefärbt.

● Schwarzkümmel zählt botanisch zu den Hahnenfußgewächsen (*Ranunculaceae*).

● Die Schwarzkümmelsamen sind in mohnähnlichen Kapseln enthalten. Sie schimmern mattschwarz und verbreiten einen aromatischen Gewürzduft, der an Anis erinnert. Die abgeflachten Samenkörner haben einen hohen Gehalt an wertvollstem Öl.

Anbautechniken

Die zur Ölgewinnung bestimmten Schwarzkümmelpflanzen werden im September ausgesät. Die Ernte beginnt, sobald die Pflanzen von unten her absterben. Die Kapseln sind dann hellbraun, die Samenkörner tiefschwarz und hart. Geschnitten wird vor Sonnenaufgang, um das Feuchtwerden durch Morgennebel oder Tau zu verhindern. Die abgemähten Pflanzen werden zum Trocknen in großen Bündeln auf saubere Tücher gelegt. Schließlich wird der Samen ausgedroschen, in Säcke gefüllt und zur Ölmühle transportiert.

Inhaltsstoffe des Schwarzkümmels

Der Schwarzkümmel hat folgende Inhaltsstoffe:

● 21 Prozent Eiweiß

● 35 Prozent pflanzliche Fette (bestehend aus ätherischen Ölen und fetten Ölen; die fetten Öle enthalten zu mehr als 50 Prozent die wertvollen mehrfach ungesättigten Fettsäuren)

- 38 Prozent Kohlenhydrate
- 6 Prozent andere Bestandteile.

Das Schwarzkümmelöl, das in der Naturheilkunde eingesetzt wird, muß kalt gepreßt sein. Die Ausbeute ist zwar geringer als bei chemischer Extraktion, aber dafür werden die Inhaltsstoffe unverfälscht gewonnen.

Wichtigster Bestandteil des Schwarzkümmelöls

Den Schwarzkümmel zeichnet vor allem das ätherische Öl Nigelon Semohiprepinon aus. Es wirkt sehr schnell bei Bronchialasthma und auch bei Keuchhusten.

Das Geheimnis der Pharaonen

Schon zur Pharaonenzeit haben die alten Ägypter die Schwarzkümmelsamen auf ihr Fladenbrot gestreut. Die Leibärzte Tut-ench-Amuns hatten immer ein Schälchen Samen griffbereit zur Verbesserung der Harnausscheidung, gegen Blähungen und Bauchschmerzen nach üppigem Essen. Schwarzkümmel wirkt nämlich nicht nur verdauungsfördernd, sondern auch schmerzstillend.

Der islamische Prophet Mohammed (570 – 632 n. Chr.) schätzte den Schwarzkümmel so sehr, daß er ihm in seinem berühmten Buch »Hadith« ein unsterbliches Denkmal setzte. Er schrieb: »Schwarzkümmel heilt jede Krankheit – außer den Tod.«

Nofretetes Geheimnis für einen königlichen Teint war Schwarzkümmelöl. Kleopatra pflegte ihren verführerischen Körper mit dem feinen Öl. Im Grabmal des Pharaos Tut-ench-Amun fanden Archäologen ein Fläschchen mit der altägyptischen Naturmedizin – für ein Leben nach dem Tod.

Ein Naturheilmittel wird entdeckt

Nachdem Karl der Große und Ludwig der Fromme Anfang des 9. Jahrhunderts den Pächtern befohlen hatten, den »Schwarzen Coriander«, wie der Schwarzkümmel damals genannt wurde, anzubauen, verbreitete er sich auch in Mitteleuropa. Bald wurde er als Medizin ebenso wie als Küchengewürz geschätzt. Er geriet jedoch im Laufe des 18. Jahrhunderts in Vergessenheit und wurde nur durch Zufall im 20. Jahrhundert bei uns wieder bekannt.

Einer Araberstute verdanken wir die Wiederentdeckung des alten Naturheilmittels. Vor zwei Jahren bekam die wertvolle Araberstute Baronesse – ein Dressurpferd mit einer ganzen Liste von Rekorden – plötzlich schwere Asthmaanfälle. Das Pferd stand zu diesem Zeitpunkt in der Münchner Reitakademie und gehörte einer 14jährigen Schülerin.

Die Pferdebesitzerin konsultierte mehrere Tierärzte, die jedoch allesamt Kortisontherapien vorschlugen. Dies sollte jedoch wegen der schädlichen Nebenwirkungen von Kortison vermieden werden. Endlich fand die Schülerin einen naturheilkundlichen Tierarzt. Der Arzt wollte ihr helfen und versuchen, ohne die nebenwirkungsreichen Standardpräparate gegen Asthmaerkrankungen – die eben vorwiegend Kortison enthalten – zu behandeln. Dafür war ihm das Tier viel zu schade. Deshalb bat der Mediziner einen befreundeten Arzt aus Ägypten um einen naturheilkundlichen Tip.

Der Arzt vom Nil empfahl das Heilmittel, mit dem man in seiner Heimat schon seit Jahrhunderten wertvolle Araberpferde erfolgreich von Immunstörungen kuriert: Schwarzkümmelsamen.
Durch den ärztlichen Rat aus Ägypten kam das orientalische Gewürz in eine deutsche Arztpraxis. Nachdem das Pferd erstaunlich schnell wieder vollkommen gesund geworden war, als man ihm die Samen ins Futter gemischt hatte, und es sogar wieder Medaillen gewonnen hatte, kam das Gewürz sofort ins Forschungslabor. Man wollte die überraschende Heilwirkung des Schwarzkümmels wissenschaftlich exakt untersuchen und prüfen.

Schwarzkümmel und Immunsystem

Seit einigen Jahren hat auch die Apparatemedizin das uralte Naturheilmittel entdeckt. Von dem amerikanischen Krebsinstitut Sloan Kettering wurden unter Laborbedingungen die Wirkungen von Schwarzkümmelöl auf das Wachstum von Tumoren untersucht.
Im Krebsforschungslabor von Hilton Head Island in South Carolina wollte man den überlieferten Erfahrungen der altägyptischen Heiler mit modernen Analyseverfahren auf den Grund gehen. Die Ergebnisse der amerikanischen Studie übertrafen alle Erwartungen. Sie bewiesen: Schwarzkümmel kann ohne die starken Nebenwirkungen chemotherapeutischer Anti-Krebs-Medikamente und Bestrahlungen enorme Heilerfolge bei Tumorerkrankungen verbuchen. So kam man den positiven Wirkungen des Schwarzkümmels auf das Immunsystem auf die Spur.

Das intakte Immunsystem

Durch Hals, Nasen und Ohren dringen unentwegt Bakterien, Viren und Pilze in unseren Körper ein. Bei Verletzungen der Haut oder gar bei schweren Unfällen vermehren sich die möglichen Eintrittspforten für

Krankheitserreger noch zusätzlich. Die Gefahr einer Infektion steigt.

Wie kann sich der Organismus gegen all diese Erreger zur Wehr setzen? Hier kommt das Immunsystem zum Einsatz: Im Blut unseres Organismus und in der Lymphflüssigkeit schwimmen Millionen von Zellen, die unsere Lebensversicherung darstellen. Diese Zellen sind hochspezialisierte Abwehrkämpfer. Manche erkennen Feinde, andere schlagen Alarm, und wieder andere vernichten dann die Erreger.

Die Bausteine des Immunsystems

Die roten Blutkörperchen (Erythrozyten) haben die Aufgabe, den Sauerstoff zur Energiegewinnung in sämtliche Körpergewebe zu transportieren. Die weißen Blutkörperchen (Leukozyten) vermehren sich bei allen entzündlichen Prozessen, denn ihre Aufgabe ist es, Infektionserreger auszuschalten. Von größter Wichtigkeit für die körpereigene Abwehr sind die Lymphozyten, die zu den weißen Blutkörperchen zählen. Jede Untergruppe der Lymphozyten (z.B. Granulozyten, B- und T-Lymphozyten) übernimmt eine spezielle Aufgabe. Die Makrophagen (große Freßzellen) können sogar Viren und Tumorzellen zerstören.

Sogenannte Antikörper werden zur Bekämpfung von Eindringlingen von einem Teil der B-Lymphozyten gebildet. Sie archivieren den Bauplan dieser Antikörper. Daher werden sie Gedächtniszellen genannt. Tritt der gleiche Eindringling wieder auf – oft erst nach vielen Jahren –, können sofort die richtigen Antikörper produziert werden. Die T-Lymphozyten und ihre Untergruppen bilden den wichtigsten Teil der zellgesteuerten Eigenabwehr, da sie bekannte Erreger schnell erkennen.

B-Lymphozyten und T-Lymphozyten

Das Immunsystem arbeitet vorwiegend mit zwei Systemen: B- und T-Lymphozyten.

● B-Lymphozyten produzieren Antikörper und archivieren sie zum Teil.

● T-Lymphozyten stellen eine spezielle Gruppe von Abwehrzellen dar.

Beide Systeme sind voneinander abhängig und funktionieren nur dann optimal, wenn beide intakt sind.

Etwa 65 Prozent der T-Lymphozyten im Blut sind sogenannte Helferzellen. Sie zerstören die von Viren befallenen Körperzellen, aktivieren die Killerzellen (eine weitere T-Zellen-Untergruppe) und regen die Antikörperproduktion der B-Lymphozyten an. Andere T-Zellen nennt man Suppressorzellen. Sie sorgen bei einem gesunden Immunsystem dafür, daß möglichst immer genau so viele Helferzellen im Blut schwimmen, wie für die jeweilige Abwehr von Eindringlingen gebraucht werden. Um das ausgewogene Verhältnis der Zellen in einem gestörten Immunsystem wiederherzustellen, sind besonders sanfte und nebenwirkungsfreie Medikamente geeignet – wie beispielsweise der Schwarzkümmel.

Die Killerzellen können auch den eigenen Körper bedrohen. Die zelluläre Abwehr ist mit einer Armee aus angreifenden Soldaten und einer kontrollierenden Friedenstruppe vergleichbar. Dringt ein feindliches System (z.B. ein Bakterium) von außen ein, setzen sich die Soldaten (Killerzellen), die die Bedrohung erkannt haben, in Bewegung. Sie greifen kompromißlos an und zerstören den Feind auf schnellstem Wege, um Schäden vom Organismus abzuwenden.

- In ihrem Übereifer kennen Killerzellen jedoch oft keine Grenzen mehr und zerstören körpereigene Substanzen. Damit dies verhindert wird, greifen im richtigen Augenblick die immunologischen Kontrolltruppen ein, die sogenannten Suppressorzellen, und schützen damit den Organismus vor Übergriffen. Die Gefahr der Selbstzerstörung (Autoaggression) ist gebannt.
- Allerdings kann auch das Gegenteil passieren: Die Kontrolltruppen verselbständigen sich und schwächen die Abwehrtruppe, so daß ein Kampf gegen feindliche Systeme aussichtslos ist. Dann ist es ganz besonders schwer, vor allem chronische Krankheiten zu heilen.

Sitz des Immunsystems

Nur etwa 5 bis 15 Prozent der Abwehrzellen kreisen andauernd im Blut und können durch eine Untersuchung erfaßt werden. Die übrigen befinden sich sozusagen in den Kasernen – sie ruhen in den »Heimorganen«. Kommt es zum Abwehrkampf mit feindlichen Eindringlingen, werden diese Reserven mobilisiert. Abwehrzellen sind angesiedelt:

- in der Thymusdrüse (Bries)
- in der Milz
- im Knochenmark
- in den Lymphknoten
- in den Mandeln
- im Blinddarm
- im Lymphgewebe des Darms.

Drei Störungen des Immunsystems

Wenn das Immunsystem verrückt spielt – was geschieht da eigentlich? Wie wir gesehen haben, besitzt der menschliche Organismus ein Abwehrsystem, das man im übertragenen Sinn mit den Schutzeinrichtungen des politischen Staates vergleichen kann.

Solange die Immunschutztruppe eine Stärke hat, die dem Ausmaß ihrer Abwehraufgabe entspricht, herrscht Harmonie. Der Organismus ist gesund. Wird allerdings diese Harmonie gestört, wird man krank.

Störfall 1 – der schwache Zellstaat

In diesem Fall ist die Abwehrtruppe den eindringenden Gegnern nicht gewachsen. Feindliche Keime, Bakterien, Pilze, Viren gewinnen die Oberhand und schädigen oder zerstören den Zellstaat des menschlichen Körpers. Das ist der Vorgang, den man unter dem Begriff »Immunschwäche« versteht.

Störfall 2 – die Abwehrtruppe wird zu stark

Die Kontroll- oder Suppressorzellen, die in einem gesunden Organismus ebenfalls vorhanden sind und die ein Überhandnehmen der Helfer- und Killerzellen normalerweise verhindern, sind in der Minderzahl und darum hoffnungslos unterlegen. Der Organismus verwandelt sich dadurch in eine Art Polizeistaat.

Die für die Feindabwehr zuständigen Killerzellen richten sich nun gegen das eigene Staatswesen, bekämpfen und zerstören, was sie eigentlich schützen sollen. In der Medizin spricht man dann von einer überschießenden oder auch autoaggressiven Immunreaktion.

Wenn zuwenig Killerzellen im Körper kreisen

Die Folgen können sein:
- Ausbreitung von Infektionskrankheiten wie z.B. immer wiederkehrende Atemwegsinfekte in immer kürzeren Abständen
- ungeklärte Erkrankungen des Magen-Darm-Traktes wie chronischer Durchfall
- rätselhafte Hautausschläge, Virusinfektionen, Herpes und Krebs
- bei völligem Zusammenbruch des Abwehrsystems durch Infektion mit HI-Viren (HIV) das sogenannte Acquired Immune Deficiency Syndrome, abgekürzt Aids.

Wenn zu viele Killerzellen im Körper kreisen

Die Folgen zu vieler Killerzellen im Blut können sein:
- verschiedene Rheumaformen, Morbus Bechterew, Leukämie, Lungenfibrose, Nierenerkrankungen
- verschiedene Hepatitisformen und manche Formen von Leberzirrhose, multiple Sklerose, Nervenerkrankungen, Vaskulitis (Gefäßentzündungen)
- Epilepsie, Allergien und, wie neuerdings beobachtet, auch Diabetes mellitus, die Zuckerkrankheit.

Störfall 3 – generalisierte Immunschwäche

Hier ist die Abwehrtruppe wie im ersten Fall stark dezimiert. Zusätzlich sind aber die Kontrollzellen in absoluter Überzahl vorhanden, so daß eine ohnehin schon schwache Körperpolizei immer noch weiter in ihrer Funktion eingeschränkt wird. Die Suppressorzellen (Kontrollzellen) lassen die Abwehrzellen nicht mehr arbeiten. Die interne Immunregulation bricht völlig zusammen. Ein solcher Organismus ist eindringenden Keimen fast schutzlos ausgesetzt.

Wenn die Killerzellen keine Chance mehr haben
Schon wenige bösartig veränderte Zellen, die bisher den Organismus nicht belastet haben und abgewehrt wurden, können im Falle einer generalisierten Immunschwäche ungehindert wachsen – also im schlimmsten Fall Krebs erzeugen. Es war eine immunologische Sensation, als man herausfand, daß Allergiker an der gleichen Basisstörung des Abwehrsystems leiden wie z.B. Hautkrebspatienten.
All das zeigt, wie lebenswichtig ein intaktes Immunsystem ist und wie notwendig nebenwirkungsfreie Verfahren sind, um gestörte Immunsysteme zu korrigieren. Sie sehen selbst, welche Bedeutung immunmodulierenden Mitteln zukommt, wie ägyptisches Schwarzkümmelöl eines ist.

Abwehrschwäche

In allen modernen Industriestaaten nehmen die Infektanfälligkeit, die Zahl allergischer Erkrankungen und bestimmter Krebsarten wie Brust-, Haut- oder Lymphdrüsenkrebs zu. Dazu kommen Viruserkrankungen wie Aids und Ebola. An schweren chronischen Erschöpfungszuständen leiden über eine Million Deutsche. Alle diese Erscheinungen haben mit einer gestörten körpereigenen Abwehr der Menschen in unserer Zivilisationsgesellschaft zu tun.
Unter permanenter Überbelastung, durch positiven und negativen Streß (Eu- und Distreß), Frust, falsche Ernährung, Genußgifte, Medikamente und umweltschädigende Stoffe werden die Killerzellen zeitweise blockiert. Aufgrund der ungesunden Lebensweise kön-

nen sich dann Erscheinungen wie Rheuma, Infektionen und Krebs ausbreiten.

Kennzeichen einer Abwehrschwäche

Im folgenden finden Sie die Symptome einer Abwehrschwäche aufgeführt. In diesen Fällen empfiehlt sich die Anwendung von immunstärkendem Schwarzkümmelöl.

Die wichtigsten Zeichen, die auf eine Abwehrschwäche des Immunsystems hinweisen, sind:

- Infektanfälligkeit, Pilzbefall
- Verdauungsstörungen, Gewichtsabnahme, Durchfälle
- Hautausschläge, Schleimhautgeschwüre
- Schmerzen, chronischer Krankheitsverlauf, oft wiederkehrende Krankheiten
- Leistungsverlust, vegetative Erschöpfung, körperliche Erschöpfung
- Durchblutungsstörungen, Potenzstörungen
- quälender Juckreiz, wie er z.B. bei Neurodermitis auftritt.

Dadurch wird das körperliche Gleichgewicht gestört

Nachfolgend finden Sie die wichtigsten Ursachen eines abwehrgeschwächten Immunsystems:

- Distreß (negativer Streß)
- Psychische Belastungen
- Stoffwechselstörungen
- Strahlenbelastung
- Medikamente
- falsche Ernährung
- funktionelle Organstörungen
- Allergien
- Umweltgifte
- Wohnraumdichte
- Identitätsverlust
- Integrationskonflikte
- Bewegungsarmut.

Wenn Sie sich über Wochen hinweg vollkommen erschöpft fühlen, ganz blaß im Gesicht sind, sich nur noch langsam bewegen können und ständig leichte infektartige Symptome haben, ist Ihr Abwehrsystem vermutlich stark geschwächt. Da bei Infektanfälligkeit und Erschöpfungszuständen oft auch Darmpilze eine Rolle spielen, sollten Sie sich einmal untersuchen und ggf. behandeln lassen. In diesem Fall ist eine Schwarzkümmelöltherapie sinnvoll. Durch diese Behandlung gehen die Symptome zurück. Das Allgemeinbefinden bessert sich. Die gesunde Gesichtsfarbe kehrt zurück. Das gestörte Verhältnis von Helfer- zu Suppressorzellen kommt wieder ins Lot.

Schwarzkümmel zur Stärkung des Immunsystems
Nehmen Sie täglich dreimal zwei Schwarzkümmelölkapseln (Bezugsquellen siehe Seite 105f.). Zusätzlich ein kleines Gläschen von 0,2 Zentiliter flüssigem Schwarzkümmelöl oder Schwarzkümmelsamen in eine Schüssel mit einem Liter heißem Wasser geben und zweimal am Tag je zehn Minuten damit inhalieren. Diese zusätzliche Maßnahme regt über die Lunge das körpereigene Abwehrsystem an.
Leiden Sie längere Zeit unter Erschöpfungszuständen, wie sie im letzten Kapitel beschrieben wurden, sollten Sie – auch wenn die Schwarzkümmeltherapie anschlägt – nach den Ursachen suchen. So kann z.B. ein verlagerter Weisheitszahn, der einen Infektionsherd gebildet hat, ohne Schmerzen zu verursachen, die Ursache sein. Jede unentdeckte Entzündung im Körper kann das Immunsystem so sehr blockieren, daß es seine normalen Aufgaben nicht mehr wahrnehmen kann. Falls Sie einen Entzündungsherd gefunden haben, sollten Sie

noch etwa ein halbes Jahr Ihre Schwarzkümmelöldosis einnehmen, damit sich Ihr Immunsystem wieder ganz erholen kann.

63,4 Prozent aller chronisch Kranken haben heute ein mangelhaftes Immunsystem. Deshalb sind in den letzten Jahren die Therapieerfolge bei chronischen Krankheiten auffallend zurückgegangen. Nur bei intaktem Immunsystem läßt sich eine Erkrankung erfolgreich behandeln.

Naturheilmittel zur Stärkung und Harmonisierung des Abwehrsystems sind deshalb als Nahrungsergänzung heute unverzichtbar geworden.

Checkliste: Ursachen von Abwehrschwäche

Ursachen für Immunblockaden können sein:

- unentdeckte Infektionsherde im Körper
- falsche Ernährung
- Rauchen
- Psychopharmaka
- Umweltverschmutzung
- Bewegungsarmut
- Alkoholmißbrauch
- Tablettenmißbrauch
- Streß und psychosoziale Belastungen.

Schwarzkümmel als Immunjoker

Mit dem Öl aus den Schwarzkümmelsamen gelangen wertvolle mehrfach ungesättigte Fettsäuren, wie z.B. Linol- und Gamma-Linolensäure, in den Organismus.

Durch Linol- und Gamma-Linolensäure wird die Synthese wichtiger immunregulatorischer Substanzen wie beispielsweise Prostaglandin E1 ermöglicht. Die Linolensäure stabilisiert die Zellmembranen, das Prostaglandin wirkt entzündungshemmend. Mit Schwarzkümmel werden krank machende Immunreaktionen unterbunden, welche die Auslöser für viele chronische Erkrankungen sein können, von Akne über Heuschnupfen bis Krebs. Vor allem Allergiker, Rheuma- und Krebspatienten sollten ihr Immunsystem einmal gründlich untersuchen lassen. Auf den Ergebnissen dieser Untersuchung kann eine gezielte Immuntherapie mit Schwarzkümmel aufbauen.

Die Substanzen im Schwarzkümmelöl stabilisieren die übersteigerte T-Zellfunktion des Allergikers, und die krankhaft gesteigerte Immunreaktion durch Antikörper wird unterdrückt. Die überschießende Immunantwort normalisiert sich, die Abgabe von Substanzen, die zu den allergischen Symptomen führen, wird verringert, das typische Jucken der Allergie läßt nach.

Durch Schwarzkümmel wird das aus dem Gleichgewicht geratene Immunsystem wieder harmonisiert und auf natürliche Weise optimiert. Schwarzkümmel ist der Joker für ein gesundes Immunsystem.

Schwarzkümmel heilt erwiesenermaßen allergische Krankheiten bei rund 70 Prozent aller Patienten, darunter Pollen- und Stauballergiker ebenso wie Akneund Neurodermitispatienten, Asthmatiker und abwehrgeschwächte Menschen. Gegen Erkältungskrankheiten und Sommergrippen hat sich die regelmäßige Einnahme von Schwarzkümmelöl auch bestens bewährt.

In Amerika ist die Nachfrage nach Schwarzkümmelöl kaum noch zu befriedigen, seit sich nicht nur seine Schutzfunktion gegen Krebs und Diabetes herumgesprochen hat, sondern auch die mögliche Harmonisierung des Immunsystems, das vor allem bei Allergien stark gestört ist.

Im Orient wird die Gewürzpflanze Schwarzkümmel schon seit Jahrhunderten zu Heilzwecken eingesetzt:
- bei Allergien und Entzündungen
- gegen Menstruationsbeschwerden
- zur Stimmungsaufhellung bei Depressionen
- bei Bronchitis
- gegen Asthma
- bei Neurodermitis.

Aber auch bei Verdauungsbeschwerden und sogar gegen hartnäckige Potenzschwäche wird von den erfahrenen Heilkundigen der Wüstenstaaten Schwarzkümmelöl verordnet.

Auch in Europa nutzte man früher Schwarzkümmelöl:
- gegen Blähungen
- zur Bekämpfung der Ruhr
- bei Magen- und Lungenleiden
- gegen Gelbsucht
- zur Vermehrung der Harnausscheidung
- zur Stärkung des Milchflusses bei stillenden Müttern.

Vielseitige Wirkungen

Amerikanische Forschungen in Hilton Head Island haben die stark antibakteriellen (gegen Bakterien) und antimykotischen (gegen Pilze) Wirkungen von Schwarzkümmelöl bestätigt, die bei der Bekämpfung entzündlicher Prozesse aller Art und Pilzbefall nützlich sind. Sogar einen blutzuckersenkenden Effekt haben die Wissenschaftler bei Schwarzkümmel festgestellt.

Grippe

Gelangt ein Virus z.B. über Tröpfcheninfektion in den Hals-, Nasen- und Ohrenbereich, wird sofort das Immunsystem in den dort befindlichen Schleimhäuten alarmiert. Nachdem es den Eindringling registriert und erkannt hat, werden über Botenstoffe Abwehrzellen losgeschickt. Die B-Lymphozyten produzieren Gegenstoffe (Antikörper) und greifen die Viren an. Die meisten kämpfenden B-Zellen gehen dabei selbst zugrunde.

Nach den B-Zellen, die immer die ersten in der Schlacht sind, setzen sich die Kontrollzellen in Bewegung. Sie erhöhen die Durchblutung im Infektionsgebiet. Dadurch gelangen immer neue Abwehrtruppen an den Brennpunkt. Es wird heiß. Sie bekommen Fieber.

Stärkere Durchblutung – die Schleimhäute werden rot – und erhöhte Temperatur bieten dem Organismus zugleich einen weiteren Vorteil: Die Hitze des Fiebers verbrennt die Giftschlacken, die bei jeder Abwehrschlacht entstehen, und scheidet sie aus. Zurück bleibt im Falle des Sieges ein Immunsystem, das jetzt abwehrstärker ist als zuvor.

Diejenigen B-Zellen, die den Kampf gegen die eindringenden Viren überlebt haben, erinnern sich genau an den Fremdling.

Bei allen späteren Angriffen des gleichen Erregertyps vermehren sie sich rapide und schlagen blitzartig zurück. Der Organismus ist von nun an gegen diesen Erreger immun.

Antibiotika – nur im Notfall

Wird zu Beginn einer Grippeinfektion, in den ersten Stunden nach Fieberbeginn, ein Antibiotikum verabreicht, wird damit der Eindringling empfindlich getroffen.

Der Einsatz von Antibiotika bringt jedoch eine ganze Reihe von Nachteilen: Das körpereigene Abwehrsystem muß nicht mehr in die Schlacht ziehen, es bleibt passiv, trainiert sich nicht, und sein Gedächtnis bleibt ungeschult.

Durch die antibiotische Wirkung werden die Eindringlinge angeschossen und gehen langsam zugrunde. Dabei belasten sie aber auch den Körper. Wichtige körpereigene Bakterien, die sich hauptsächlich im Darm, in den Schleimhäuten der Geschlechtsorgane und der Atemwege, im Nasen- und Ohrenbereich und auf der Haut befinden, werden zerstört.

Auch das Immunsystem kann trainiert werden. Bei leichten Krankheiten übt Ihre Körperabwehr den Ernstfall. Heben Sie sich Antibiotika für den Notfall auf. In zwei Dritteln aller Fälle reichen naturheilkundliche Therapien zur Ausheilung von akuten Infektionskrankheiten und sogar von chronischen Krankheiten aus. Die Stärkung der körpereigenen Abwehr leistet das Schwarzkümmelöl.

Das Biotop des Körpers wird geschädigt

Da durch ein Antibiotikum das natürliche Biotop des Körpers empfindlich geschädigt wird, können sich anschließend leichter Pilze ansiedeln und ausbreiten.

Der Patient wird zwar sehr rasch von seinen Grippebeschwerden geheilt, aber sein Immunsystem ist geschwächt und sehr anfällig für den nächsten Infekt.

Diabetes mellitus

Eine 58jährige Frau litt an einem Typ-II-Diabetes, der oft auch als Alterszucker bezeichnet wird. Zusätzlich war sie stark übergewichtig. Als ihr Hausarzt die Zuckerkrankheit diagnostiziert hatte, stellte er für sie einen ganz speziellen, strikten Diätplan auf.

Die Frau sollte 15 Kilogramm abnehmen. Die Gewichtsreduzierung funktionierte anfänglich ganz gut. Doch nach vier Kilogramm Gewichtsabnahme bewegte sich der Zeiger der Waage nicht mehr weiter nach unten. Die Blutzuckerwerte waren zwar etwas besser geworden, aber ohne Tabletten oder gar Insulin schienen sie sich nicht auf normal einstellen zu lassen. Es wurde offensichtlich, daß in diesem Fall die Diät allein nicht der richtige Weg war. Dann las die Frau eine Veröffentlichung, in der Schwarzkümmelöl vorgestellt und seine blutzuckersenkende Wirkung beschrieben wurde. Die zuckerkranke Frau kaufte sich in der Apotheke ägyptisches Schwarzkümmelöl in Kapselform und nahm die empfohlene Dosis von dreimal zwei Kapseln pro Tag ein. Drei Wochen später hatten sich ihre Zuckerwerte deutlich gebessert, und auch die Gewichtsabnahme machte wieder Fortschritte. Das Schwarzkümmelöl hatte auch die Verdauung der Zuckerkranken sehr günstig beeinflußt. Nach weiteren drei Wochen lagen ihre Zuckerwerte schon fast im gesunden Bereich.

Wissenswertes über Diabetes

Der normale Blutzuckerwert eines gesunden Menschen liegt zwei Stunden nach einer Mahlzeit etwa bei 100 bis 120 Milligramm Prozent und sinkt im nüchternen Zustand (morgens) bis auf etwa 70 Milligramm Prozent.

● Beim angeborenen Typ-I-Diabetes (vorwiegend bei Jugendlichen) ist eine Insulinbehandlung obligatorisch.

● Beim Typ-II-Diabetes liegen u.a. eine Schwäche der insulinproduzierenden Zellen in der Bauchspeicheldrüse sowie eine verminderte Fähigkeit der Organe, auf Insulin zu reagieren (die sogenannte Insulinresistenz), vor.

Eine Gewichtsabnahme bringt oft schon Besserung. Außerdem ist eine gesunde, ausgewogene Diät ratsam. Nach neuesten wissenschaftlichen Erkenntnissen ist Zucker nicht mehr streng verboten. Diabetiker müssen sich auch nicht mehr mit der lästigen Berechnung von Broteinheiten (BE) herumschlagen.

Da auch allergische Veranlagungen den Diabetes auslösen können, ist ein gesundes Immunsystem sehr wichtig für alle Menschen mit Zuckerproblemen. Amerikanische Forscher haben bewiesen: Ägyptisches Schwarzkümmelöl stärkt das Immunsystem und senkt den Blutzucker.

Zu hohe Zuckerwerte

Wenn die Zuckerwerte längere Zeit deutlich über den Normalwerten (z.B. über 160 Milligramm Prozent) liegen, ist mit gesundheitlichen Folgen zu rechnen.

Sie reichen von Gefäßschädigungen, Nierenerkrankungen, schlechter Wundheilung, Sehschwäche, offenen Beinen bis hin zu Nervenschäden und Impotenz.

Schwarzkümmelanwendung bei Diabetes mellitus

Als Basisbehandlung bei Diabetes mellitus sind dreimal zwei Kapseln bzw. dreimal 25 Tropfen ägyptisches

Schwarzkümmelöl (Bezugsquellen siehe Seite 105f.) pro Tag ratsam. Diese Anwendung kann beliebig lange fortgesetzt werden.

Während dieser Behandlungszeit mit Schwarzkümmel müssen die Blutzuckerwerte besonders sorgfältig kontrolliert werden. Manche Patienten entwickeln bei der Einnahme von Schwarzkümmel einen starken Unterzucker, der rechtzeitig erkannt werden muß.

Wenn Sie Diabetes mit Schwarzkümmel behandeln wollen, dann sollten Sie dies keinesfalls auf eigene Faust machen. Sprechen Sie auf jeden Fall mit Ihrem Arzt. Diabetes mellitus ist keine Bagatelle – und Schwarzkümmel ist ein hochwirksames Naturheilmittel. Nehmen Sie Ihre Therapie nicht auf die leichte Schulter.

Spezialrezeptur bei Diabetes

Zutaten
- ein Glas feingemahlener Schwarzkümmel
- ein Glas Inula Helenum, ebenfalls feingemahlen
- ein halbes Glas feingemahlenes Origanum syriacum
- ein Glas feingemahlene Granatapfelschalen

Zubereitung
Die Zutaten mischen und in einem Behälter dunkel und trocken aufbewahren.

Einnahme
Ein Eßlöffel etwa eine Viertelstunde vor jeder Mahlzeit. Dauer der Behandlung: etwa vier Wochen. Danach langsam in der Menge reduzieren.

Krebs

Selbst in der Krebstherapie kann der Schwarzkümmel erwiesenermaßen erfolgreiche Dienste tun. Letztlich gibt Schwarzkümmel dem Körper Hilfe zur Selbsthilfe. Im Krebsforschungslabor von Hilton Head Island in South Carolina führten amerikanische Wissenschaftler eine Untersuchung durch, um einen Wirkstoff zu finden, der zur Tumorbekämpfung geeignet ist, ohne das gesunde Gewebe zu schädigen, wie dies bei Chemotherapie und Bestrahlung der Fall ist.

Das Ergebnis ist der erste wissenschaftliche Bericht zur Anti-Tumor-Wirkung von Schwarzkümmelöl mit dem Titel »Study of Nigella sativa on Humans«. Aus diesem Bericht geht hervor, daß alle Erwartungen der Forscher übertroffen wurden. »Schwarzkümmelextrakt stellte sich als effektiver heraus, ohne daß die starken Nebenwirkungen chemotherapeutischer Anti-Krebs-Medikamente und Bestrahlungen auftraten«, heißt es sinngemäß in der Zusammenfassung der Untersuchungsbefunde.

Schwarzkümmel und Krebs

Generell hilft *Nigella-sativa*-Extrakt bei Krebs und Krebsvorsorge auf mehrfache Weise:

- Es stimuliert die Knochenmarkszellen.
- Es steigert die Produktion der Immunzellen.
- Es erhöht die Interferonproduktion.
- Körperzellen werden dadurch besser vor schädigenden Effekten geschützt.
- Tumorzellen werden zerstört.
- Die Zahl der antikörperproduzierenden B-Zellen wird dadurch erhöht.

Die abschließende Beurteilung durch die Wissenschaftler ergibt folgendes: Die in der Studie beobachteten Faktoren machen das Schwarzkümmelöl zu einem idealen Kandidaten für den Einsatz bei Krebsvorbeugung und -heilung.

Im Tierversuch haben dem Bericht des Cancer Immuno-Biology Laboratory zufolge zwei Drittel der mit Schwarzkümmelextrakt behandelten Mäuse 30 Tage nach einer Tumorinfektion noch gelebt. Von der Kontrollgruppe hingegen, die ohne Schwarzkümmelbehandlung geblieben war, seien in diesem Zeitraum alle Tiere gestorben.

Auch bei Versuchen mit menschlichen Knochenmarkszellen und Tumorzellen kamen laut US-Studie erstaunlich positive Ergebnisse heraus: Eine 250prozentige Vermehrung von Knochenmarkszellen und eine fast 50prozentige Hemmung beim Wachstum von Tumorzellen waren als direkte Wirkung der Schwarzkümmelöltherapie nachweisbar. An der Antikrebswirkung des ägyptischen Schwarzkümmels kann nicht mehr gezweifelt werden.

Anwendungen von Schwarzkümmel

Sanfte Naturheilmittel helfen

Um ein gestörtes Immunsystem wieder zu harmonisieren, sind harte Medikamente ungeeignet. In der Natur finden wir Mittel, die auf sanfte Weise das fein abgestimmte System der körpereigenen Abwehr wieder ins Lot bringen, wenn es einmal gestört ist.
Schwarzkümmelöl ist ein solches sanftes Naturheilmittel und hat sich seit alters bewährt. Seine Inhaltsstoffe ähneln teilweise denen von Nachtkerzen- oder Borretschöl. Es hat eine ungemein breitgefächerte Wirkung. Aber so wirkungsvoll wie Schwarzkümmel ist keine der vergleichbaren Pflanzen.

Herstellung von Rezepturen

Wenn Schwarzkümmelöl zur Herstellung von Rezepturen mit anderen Substanzen gemischt wird, muß es ganz besonderen Anforderungen gerecht werden. Das haben die Mediziner im alten Ägypten schon erkannt; die Naturärzte unserer Zeit haben es jetzt bestätigt.
Deshalb wurde das ägyptische Schwarzkümmelöl für solche Rezepturen mit wichtigen membranstabilisierenden Natursubstanzen verstärkt, so daß es eine besonders schnelle und gleichbleibende Wirkung erzielt.

Dieses »Schwarzkümmelöl spezial« ist von großer Bedeutung bei allen Anwendungen gegen Beschwerden im Bereich der Verdauung, aber auch für die Verbesserung der Immunabwehr.

Mit einem Spezialzusatz aus feinstem kaltgepreßten Olivenöl wird dem ägyptischen Schwarzkümmelöl die Eigenschaft verliehen, andere Zutaten, insbesondere bei Erwärmung oder Mischung, in ihrer Wirkung zu verstärken und zu verbinden.

Das ist bei der Herstellung von Rezepturen ganz besonders wichtig.

Für die Anwendung von ägyptischem Schwarzkümmelöl pur eignet sich die Einnahme des flüssigen Öls oder der standardisierten Dosis in Kapselform. Es empfiehlt sich die bewährte Dosis von zwei Kapseln bzw. 25 Tropfen zwei- bis dreimal pro Tag. Dies ist die einfachste Form, Ihrem Körper die Vitalstoffe des Schwarzkümmels zukommen zu lassen.

Schwarzkümmel muß ganz rein sein

- Schwarzkümmel ist nicht gleich Schwarzkümmel! Die Unterschiede der einzelnen Marken sind beträchtlich.
- Da es auch giftige Schwarzkümmelsorten gibt, müssen Sie darauf achten, daß nur wirklich reines und geprüftes Öl eingenommen wird. Nehmen Sie daher nicht irgendein ungeprüftes Schwarzkümmelöl aus dem Sonderangebot.
- Achten Sie beim Kauf der Samen darauf, daß diese nicht zu trocken sind. Beim Zerdrücken sollte Öl austreten.
- Um sicherzugehen, daß Sie wirklich gute Qualität erwerben, lassen Sie sich bezüglich der Güte der Schwarzkümmelprodukte im Reformhaus oder in der Apotheke beraten.

Hier finden Sie eine schnelle und präzise Übersicht über die verschiedenen Anwendungsgebiete und die Form der Behandlung.

Anwendungen des Schwarzkümmels

Nachfolgende Checkliste gibt einen Überblick über die Anwendungsgebiete des ägyptischen Schwarzkümmels.

Beschwerden	Form des Schwarzkümmels
Akne	Öl, Ölkapseln
Asthma bronchiale	Öl, Ölkapseln und Inhalationen
Blähungen	Spezialrezeptur
Darmparasiten	Spezialrezeptur
Darmpilze	Öl, Ölkapseln, Schwarzkümmel mit Apfelessig
Diabetes mellitus	Öl, Ölkapseln, Spezialrezeptur
Ekzeme	Öl, Ölkapseln, Einreibung mit Spezialrezepturen
Entgiftung	Öl, Ölkapseln und Teeaufguß
Ernährungsbedingte Beschwerden	Spezialrezeptur
Gelenkschmerzen	Öl, Ölkapseln, Spezialrezeptur
Hämorrhoiden	Schwarzkümmelasche
Hautpilz	Öl, Ölkapseln, Spezialrezeptur
Husten, Lungenentzündung	Öl, Ölkapseln und Teeaufguß
Impotenz	Öl, Ölkapseln und Mischungen mit Weihrauch, Spezialrezeptur
Infektanfälligkeit	Öl, Ölkapseln, Inhalationen
Konzentrationsschwäche	Spezialrezeptur
Kopfschmerzen	Öl, Ölkapseln, Spezialrezeptur
Krätze	Schwarzkümmelmasse einmassieren
Läuse	Spezialrezeptur

Beschwerden	Form des Schwarzkümmels
Magen- und Darmschmerzen	Öl, Ölkapseln, Spezialrezeptur
Neurodermitis	Öl, Ölkapseln, Spezialrezeptur
Nierensteine	Spezialrezeptur
Ohrenschmerzen	Ölsud aus Schwarzkümmel
Schlafstörungen	Spezialrezeptur
Schönheitspflege	Öl, Ölkapseln zusammen mit roten Rosinen
Schuppenflechte	Öl, Ölkapseln, Schwarzkümmel, Apfelessig
Tumorvorbeugung, Tumorbehandlung	Öl, Ölkapseln, Langzeittherapie
Unfruchtbarkeit	Öl, Ölkapseln
Vegetative Erschöpfung	Öl, Ölkapseln, Spezialrezeptur
Wundheilung	Schwarzkümmelöl gemischt mit Essig
Wurmbekämpfung	Öl, Ölkapseln, Spezialrezeptur
Zahnschmerzen	Öl, Ölkapseln, Spezialrezeptur

Bestandteile des Schwarzkümmelöls

Die Zusammensetzung von Schwarzkümmelöl ist von Natur aus so optimal komponiert, daß der menschliche Organismus und der Stoffwechsel davon in einem sehr breiten Ausmaß profitieren.

Das Naturheilmittel ägyptisches Schwarzkümmelöl verdankt seine hohe Wirksamkeit rund 100 verschiedenen Wirkstoffen. Die wichtigsten Bestandteile sind in der nachfolgenden Liste aufgeführt.

- Alpha-Pinen
- Beta-Pinen
- Sabinen
- Limonin
- Borneol
- Carvon
- Thymol
- Carvacrol

- 1,8-Cinchol
- Alpha-Terpinen
- P-Cymen
- Artemisiaketone
- Sabinenhydrate
- Linalool
- Beta-Thujon
- Bornylazetat

- Thymohydrochinon
- Stearinsäure
- Arachidonsäure
- Palmitinsäure
- Myristinsäure
- Palmitinoleinsäure
- Behensäure
- Weitere Substanzen.

Äußerliche Anwendung

Von alters her wird ägyptisches Schwarzkümmelöl äußerlich angewandt bei:
- Störungen der Hautfunktion
- Entzündungen
- Ekzemen
- Prellungen
- Stauchungen und Ergüssen
- Krätze (Skabies)
- Hautpilz
- Neurodermitis
- Akne
- Schuppenflechte (Psoriasis).

Zur Behandlung dieser Krankheiten wird ägyptisches Schwarzkümmelöl pur zum Einreiben verwendet oder kommt in Verbindung mit anderen heilenden Stoffen zur Anwendung. Bewährt hat sich die Mischung von Schwarzkümmel und Apfelessig.

Schwarzkümmel mit Apfelessig

Zutaten: Sie benötigen zwei Gläser Apfelessig, ein Glas feingemahlenen Schwarzkümmel und ein Glas Stärkemehl.
Zubereitung: Zuerst wird der Apfelessig erhitzt, dann kommt der gemahlene Schwarzkümmelsamen hinein. Nach kurzem Aufkochen wird das Stärkemehl dazugegeben und die Masse gut vermischt. Lassen Sie danach das Ganze abkühlen, und tragen Sie die Masse auf die erkankten Hautstellen auf.

Mit dieser selbstzubereiteten Schwarzkümmel-Apfelessig-Mischung haben besonders Hautpilzpatienten ausgezeichnete Heilerfolge erzielt, wenn sie diese Salbe täglich zweimal auf die befallene Haut auftrugen.

Innerliche Anwendung

Schwarzkümmelöl hat den großen Vorteil, daß es sowohl innerlich als auch äußerlich zur Anwendung kommen kann und somit seine Wirkung verdoppelt.

Testfall Diabetes

Auch für die Einnahme von ägyptischem Schwarzkümmelöl gibt es seit alters Spezialrezepturen, in denen das Heilöl als Grundbestandteil mit weiteren Stoffen ergänzt wird, z.B. bei Diabetes mellitus, der Zuckerkrankheit. Die Einnahme erfolgt etwa eine Viertelstunde vor der Mahlzeit. Als Dosis für die Basisbehandlung eines Diabetes hat sich ein Eßlöffel dieser Mischung bewährt.

Manche Patienten entwickeln allein durch die Einnahme dieser Rezeptur bereits Unterzucker. Deshalb darf diese Rezeptur nur unter strenger Kontrolle des Blutzuckers ausprobiert werden. Fragen Sie vorher Ihren Arzt!

Neben der oralen Einnahme von täglich dreimal zwei Kapseln bzw. dreimal 25 Tropfen ägyptischem Schwarzkümmelöl (Bezugsquellen siehe Seite 105f.) hat sich zusätzlich das nachfolgende Spezialrezept bewährt.

Spezialrezeptur zur inneren Anwendung

Zutaten: Sie benötigen ein Glas feingemahlenen Schwarzkümmel, ein Glas Inula Helenum, fein gemahlen, ein halbes Glas Origanum syriacum, fein gemahlen, und ein Glas Granatapfelschalen, ebenfalls fein gemahlen.

Zubereitung: Die Zutaten werden gemischt und in einem geschlossenen Behälter dunkel und trocken aufbewahrt.

Anwendung: Pro Tag zwei bis drei Teelöffel davon nehmen.

Allergiebehandlung

Schwarzkümmel gegen Pollenallergien

In der Allergiebehandlung und -vorbeugung hat sich das ägyptische Schwarzkümmelöl tausendfach bewährt. Es sind zahlreiche Fälle von Patienten dokumentiert, die in jedem Frühjahr von schweren Pollenallergien heimgesucht wurden und die nach regelmäßiger Einnahme von Schwarzkümmelöl völlig beschwerdefrei geblieben sind. Die hohe Wirksamkeit von Schwarzkümmel ist zweifellos erwiesen.

Bewährt hat sich ein Beginn der Einnahme ab Januar bis in den Sommer hinein. Als Tagesdosis sind dreimal ein bis zwei Kapseln bzw. dreimal 20 bis 25 Tropfen

Schwarzkümmelöl zu empfehlen. Sobald die Flugzeit der Pollen ansteht, gegen die Sie allergisch sind, empfiehlt sich die Höchstdosis. Zur Vorbereitung des Organismus und als Erhaltungsgabe kann auf die untere Dosierung von zweimal täglich einer Kapsel bzw. zweimal 20 Tropfen gegangen werden.

Die erste Besserung der Symptome bei Pollenallergien, bei Asthma bronchiale oder auch bei Keuchhusten stellt sich oft schon nach ein bis zwei Wochen ein.

Immunologische Wirkung bei Allergien

Die Erklärung für die hervorragende immunologische Wirkung von ägyptischem Schwarzkümmelöl gerade bei schweren Allergien ist überraschend, aber doch für jeden Interessenten einfach nachvollziehbar.

- Das ägyptische Schwarzkümmelöl enthält Substanzen, die der Körper selbst nicht bilden kann, die er aber für eine optimale Immunabwehr braucht. Einige dieser Substanzen sind für die menschliche Immunabwehr unverzichtbar, z.B. die in Schwarzkümmelöl enthaltenen essentiellen, mehrfach ungesättigten Fettsäuren, die in qualitativ hochwertigen Ölen aus Ägypten zu mehr als 50 Prozent enthalten sind.
- Diese mehrfach ungesättigten Fettsäuren sind an biochemischen Reaktionen beteiligt, die nach der Einnahme von Schwarzkümmelöl ausgelöst werden.
- Dabei entsteht u.a. Arachidonsäure, die wiederum eine immunologisch ganz entscheidende Substanzgruppe produziert, wie etwa das Prostaglandin E1.
- Prostaglandin E1 wirkt immunharmonisierend.

Das Abwehrsystem verliert seine überschießende Aktivität, die für Allergien verantwortlich ist. Dadurch werden Heuschnupfen und Asthma vermieden. Entzündliche Erkrankungen, Hautekzeme, Gelenkentzündungen (rheumatische Erkrankungen) werden mit der Schwarzkümmeltherapie zurückgedrängt, oft bis zum völligen Abklingen.

Neben der lang andauernden überschießenden Immunreaktion verschwindet durch Schwarzkümmelöl fast immer auch die Immunblockade. So läßt sich beispielsweise die in Amerika festgestellte positive Wirkung von ägyptischem Schwarzkümmelöl in der Krebsbekämpfung erklären:

Schwarzkümmelöl löst die Immunblockaden auf, und die körpereigenen Abwehrzellen können sich wieder voll der Zerstörung des Tumors widmen.

Heilwirkungen des Schwarzkümmels

Neben der direkten positiven Beeinflussung des Immunsystems hat das ägyptische Schwarzkümmelöl eine ganze Reihe weiterer Heilwirkungen. Schwarzkümmel enthält:

- Spurenelemente
- Vitamine
- entzündungshemmende Substanzen
- schmerzlindernde Stoffe (Analgetika).

Nigelon gegen Keuchhusten

Der Inhaltsstoff Nigelon im ägyptischen Schwarzkümmelöl ist ein sehr effektives und rasch wirkendes Mittel bei Asthma bronchiale, Keuchhusten, Bronchitis oder gar Lungenentzündung. Es wirkt auf die Bronchien erweiternd, was bald Linderung und Heilung für den Patienten bringt.

Hier sind die verschiedenen Heilwirkungen des Schwarzkümmels zusammengefaßt:

- stärkt das Immunsystem
- reguliert das Hormonsystem
- tötet Bakterien, Viren und Pilze
- senkt den Blutzuckerspiegel
- erweitert die Gefäße
- entwässert und entgiftet
- fördert die Wundheilung
- wirkt als Radikalenfänger
- bringt die Verdauung in Gang
- regt Galle und Harn an
- wirkt Allergien entgegen.

Hautkrankheiten

Neurodermitis

Zehn Jahre hatte sich eine 25jährige Patientin konsequent geweigert, ein Foto von sich machen zu lassen. Der Grund war ganz einfach: Die junge Frau litt vom Kleinkindalter an an Neurodermitis. Die juckenden Ausschläge machten sich zuerst nur in den Armbeugen und Kniekehlen bemerkbar. Später breiteten sie sich immer weiter über den Körper aus. In der Zeit der Pubertät traten die Hautveränderungen schließlich auch am Hals, an der Brust und im Gesicht auf. Von da an gab es keine Fotos mehr von der Patientin, da keine Therapie von Erfolg gekrönt war.

Im Sommer 1994 gab es wieder Bilder von der eben beschriebenen Patientin. Nun war sie nämlich ihre entstellende Krankheit endlich losgeworden, und sie genoß es geradezu, sich ablichten zu lassen. Geholfen hat ihr das ägyptische Schwarzkümmelöl. Eine Bekannte hatte ihr von der Wirkung der »Pharaonenmedizin« erzählt, die damit ihre hartnäckige Akne losgeworden war. Zwei Tage später begann die 25jährige bereits mit der Einnahme von ägyptischem Schwarzkümmelöl. Dreimal am Tag nahm sie je zwei Kapseln Schwarzkümmelöl ein. Bereits nach 14 Tagen zeigte sich eine Besserung. Nach vier Wochen war die Krankheit unübersehbar auf dem Rückzug, heute ist die Patientin völlig beschwerdefrei.

Was ist Neurodermitis?

Neurodermitis ist eine chronisch entzündliche Hauterkrankung. Ursache ist meist eine angeborene allergische Veranlagung. Der Verlauf von Neurodermitis ist typisch:

● Neurodermitis beginnt meist im Kindesalter als »Milchschorf« am Kopf.

● Nach dem zweiten Lebensjahr kommt es zum Befall vor allem in den Gelenkbeugen und am Gesäß.

● Bei Erwachsenen breitet sich Neurodermitis auf Hals, Nacken, Schultern, Brust und Gesicht aus.

Wichtig

Leidet ein Patient unter Neurodermitis, sollte er auch einmal auf eine übermäßige Darmbesiedelung durch Candidapilze untersucht werden. Denn die Pilze können für die juckende Hauterkrankung mitverantwortlich sein.

Neurodermitis verursacht quälenden Juckreiz. Die erkrankte Haut ist glanzlos und trocken, weil die Talg- und Schweißdrüsen kaum arbeiten. Die befallenen Stellen sind außerdem auffallend grob strukturiert (Lichenifikation). Es entstehen juckende Knötchen mit Krusten, die vom Patienten immer wieder blutig aufgekratzt werden. Dadurch können sekundäre Entzündungen entstehen. Fast 20 Prozent der Neurodermitispatienten leiden außerdem an Bronchialasthma, über zehn Prozent an Heuschnupfen.

Ägyptisches Schwarzkümmelöl ist ganz besonders geeignet für eine Neurodermitistherapie. Es nimmt den Patienten den Juckreiz, stabilisiert deren überschießendes Immunsystem und fördert die Abheilung der entzündeten Hautpartien.

Schwarzkümmelöl bei Neurodermitis

Neben der bewährten Einnahme von Kapseln mit ägyptischem Schwarzkümmelöl in der Dosierung von dreimal zwei Stück pro Tag (entspricht ca. drei Gramm reinem Schwarzkümmelöl) sollte zusätzlich eine Bekämpfung schädlicher Darmpilze stattfinden.

Ekzeme

Ein 21jähriger Student wirkte auf den ersten Blick gesund, sportlich und gut proportioniert. Aber drei- bis viermal im Jahr bekam er ein schmerzhaftes Ekzem, meist an Hautstellen mit vielen Schweiß- und Talgdrüsen: unter der Achselhöhle, im Nacken, im Analbereich. Der untersuchende Hautarzt diagnostizierte ein sogenanntes seborrhoisches Ekzem. Die Talgdrüsen des jungen Mannes neigten zur Verstopfung. Eindringende Bakterien schufen einen Entzündungsherd, der sich selbst unter dem Einsatz von Penizillin nur sehr zögernd zurückbildete.

Lokale Behandlung von Hautstellen

Zur lokalen Behandlung von Hautstellen, die Ekzembefall aufweisen, empfiehlt es sich, ozonisiertes Schwarzkümmelöl aufzutragen.

Das ägyptische Schwarzkümmelöl wird dazu über eine längere Zeit durch Ozon (energiereiche Modifikation des Sauerstoffs mit drei statt zwei Sauerstoffatomen im Molekül) hindurchgeperlt. Die Ozonisierung kann in naturheilkundlichen Praxen durchgeführt werden.

Es entsteht eine feincremige Substanz, die sich sehr gut auf der Haut verteilen läßt.

Ein Apotheker machte ihn auf die Wirkungen des ägyptischen Schwarzkümmelöls aufmerksam. Er kaufte sich Schwarzkümmelölkapseln und nahm täglich dreimal bis zu zwei Stück davon ein. Außerdem rieb er sich mit reinem flüssigem Schwarzkümmelöl an der erkrankten Stelle ein. Schon nach kurzer Zeit bildete sich das Ekzem zurück und trocknete aus.

Neben der Einnahme des Schwarzkümmelöls und der Einreibung empfehlen sich bei hartnäckigen Ekzemerkrankungen noch weitere Anwendungen.

Ozonisiertes Schwarzkümmelöl

Dazu wird Schwarzkümmelöl mit Ozon angereichert. Es entsteht eine sehr cremige Salbe, die besonders wirksam ist. Das ozonisierte Schwarzkümmelöl (man kann es nicht selbst herstellen, sondern muß die Aufbereitung in einer naturheilärztlichen Praxis mit Ozontherapie durchführen lassen) wird auf die vom Ekzem befallenen Stellen aufgetragen.

Schwarzkümmel bei Ekzemen

Zutaten: Sie benötigen zwei Gläser Apfelessig, ein Glas feingemahlenen Schwarzkümmel, ein Glas flüssiges Schwarzkümmelöl.

Zubereitung: Der gemahlene Schwarzkümmel wird in Apfelessig aufgekocht. Während des Kochens wird das Öl zugegeben. Nach dem Abkühlen kann die Mischung eingenommen werden.

Anwendung: Dreimal täglich einen Teelöffel von der genannten Rezeptur einnehmen.

Schwarzkümmelcreme

Zutaten: Sie brauchen dazu zwei Gläser Apfelessig, ein Glas fein-gemahlenen Schwarzkümmel.
Zubereitung: Den Apfelessig und den gemahlenen Schwarzkümmel gut verrühren und sechs Stunden ziehen lassen. Dann wird die Mischung durch eine Kompresse gefiltert. Das Filtrat wird nun zentrifugiert, oder man läßt es für 24 Stunden stehen. Danach wird die überstehende Flüssigkeit vorsichtig abgegossen. Was als Sediment herauskommt, wird im Verhältnis eins zu eins mit flüssigem Schwarz-kümmelöl vermischt.
Anwendung: Die Creme mehrmals am Tag auftragen.

Akne

Wer kennt das nicht aus seiner Jugendzeit? Im schönsten Alter bekommt man im Gesicht und am Ausschnitt viele kleine rote Pickel. Der Versuch, die Aknepickel auszudrücken und zu überschminken, mißlingt in aller Regel, weil sie sich dadurch nur immer stärker entzünden.

Hautärzte raten oft von einer Aknebehandlung ab, da sie wenig Erfolg verspreche und die Pusteln nach der Pubertät sowieso weggingen.

Mit Schwarzkümmel kann dem Übel schon früher ein Ende gesetzt werden. Schon nach zwei Wochen regelmä-ßiger Einnahme von Schwarzkümmelöl (dreimal täglich je eine bis zwei Kapseln bzw. dreimal 20 bis 25 Tropfen) bessert sich meist das Krankheitsbild. Außerdem ist es günstig, zusätzlich über einen längeren Zeitraum Zinkorotat aus der Apotheke einzunehmen, weil gerade Zink eine günstige Wirkung auf die entzündlichen Pusteln hat und zur Ausheilung beiträgt.

Die häufigste Form, *Acne vulgaris*, entsteht durch eine besonders starke Talgabsonderung einerseits und durch eine Verstopfung der überaktiven Talgdrüsen andererseits. Es entstehen die sogenannten Mitesser (Komedonen).

Die Stimulierung der Talgsekretion geht im wesentlichen auf die ausgeschütteten Geschlechtshormone zurück. Dazu kommen dann bakterielle Sekundärinfektionen (zweite Infektionen, die sich auf die erste aufpfropfen). Inwieweit Magen- und Darmstörungen oder psychische Belastungen in der Pubertät eine Rolle spielen, ist ebenso schwer zu diagnostizieren wie etwa die Auswirkungen der Ernährung. Die Vermutung, daß Schokolade, Käse, Butter, Nüsse, Mandeln, Schaltiere und Meeresfrüchte die Entstehung von Akne fördern, ist nicht vollständig bewiesen.

Rezept gegen Akne

Zutaten: Sie benötigen ein Glas feingemahlenen Schwarzkümmelsamen, zwei Gläser Apfelessig.

Zubereitung: Beide Zutaten gut vermischen und etwa sechs bis sieben Stunden ziehen lassen. Dann durch eine Kompresse filtern und die aufgesammelte Flüssigkeit anschließend zentrifugieren oder 24 Stunden stehenlassen. Dann sollten Sie die überstehende Flüssigkeit vorsichtig abgießen. Das erhaltene Sediment wird dann gemischt mit feingemahlenen Granatapfelschalen und Apfelessig im Verhältnis vier zu zwei zu eins. Danach erwärmen Sie die Masse für etwa zwei bis drei Minuten auf dem Herd. Mischen Sie dabei die Paste noch einmal kräftig durch.

Anwendung: Am effektivsten wirkt die Paste, wenn sie am Abend vor dem Schlafengehen aufgetragen wird. Vorher muß jedoch die jeweils vorgesehene Menge im Verhältnis eins zu eins mit reinem flüssigem Schwarzkümmelöl gemischt werden.

Hautparasiten

Seit Jahrhunderten hat sich im Orient die äußerliche Anwendung von Schwarzkümmel gegen Parasiten bewährt.

Kopf- und Kleiderläuse

Menschenläuse (*Pediculidae*) sind ein bis drei Millimeter lange, flügellose, blaßgraue Insekten. Sie sind Blutsauger und können Krankheiten übertragen. Eine Kopflaus legt bis zu 100 Eier (Nissen). Ihre Entwicklung dauert ungefähr drei bis vier Wochen. Die Kopflaus wird durch Körperkontakt übertragen. Noch gefährlicher als die Kopflaus ist die etwas größere Kleiderlaus. Sie überträgt bestimmte Borrelien (Bakterien), die zu gefährlichen Rückfallfiebern führen.

Bei Läusebefall wird die Masse der Grundrezeptur etwa eine Viertelstunde lang intensiv in die Haare einmassiert. Sie sollten dick mit dem Schwarzkümmelschlamm bedeckt sein. Dann, wenn möglich, den Kopf eine Viertelstunde in der Sonne trocknen lassen oder unter die Trockenhaube halten. Ein Haarfön ist weniger geeignet,

Krätzemilben fressen Löcher in die Haut

- Die Krätze (lateinisch Scabies oder Skabies) ist eine sehr leicht übertragbare Hautkrankheit. Sie wird verursacht von den Krätzemilben *Sarcoptes scabiei*.
- Die winzig kleinen, kaum sichtbaren kugelförmigen Parasiten fressen zahlreiche Löcher und richtige Gänge in die Haut.
- Dadurch entsteht starker Juckreiz mit Entzündungen. Befallen werden vor allem Finger, Hautfalten, die Unterseiten der Handgelenke, die vorderen Achselfalten, Brustwarzenhöfe und Penis. Die Ausscheidungen der Milben verursachen allergisch bedingte Knötchen, die oft Monate bestehenbleiben.

weil durch den Luftzug die Schwarzkümmelmasse weggeblasen wird. Diese sollte nämlich nach dem Trocknen noch mindestens vier Stunden lang im Haar verbleiben. Danach mit einem sehr milden Shampoo auswaschen. Insgesamt muß die Anwendung eine Woche lang täglich durchgeführt werden.

Krätzebefall

Die Grundrezeptur wird an den von der Krätze befallenen Stellen einmassiert und etwa vier Stunden so belassen. Die behandelten Hautstellen sollten mit sanfter Naturseife abgewaschen und mit Schwarzkümmelöl pur eingerieben werden. Diese Behandlung muß mindestens eine Woche lang durchgeführt werden. Denn die verursachenden Parasiten (Krätzemilben) nisten in der menschlichen Haut und sind deshalb nur sehr schwer zu beseitigen.

Schwarzkümmel gegen Hautparasiten

Zutaten: Sie brauchen ein Glas feingemahlenen Schwarzkümmel, ein viertel Glas Apfelessig, eine Kompresse oder ein Leintuch.

Zubereitung: Der feingemahlene Schwarzkümmel wird mit dem Apfelessig in eine Schüssel gegeben und vermischt. Danach das Ganze etwa zehn Minuten ziehen lassen. Nun wird die Mixtur durch das Tuch gefiltert. Der Schwarzkümmelrückstand im Filtertuch sollte nun in die Sonne oder unter Rotlicht gestellt werden, damit so viel Flüssigkeit verdunsten kann, bis die zurückbleibende Masse dickschlammig bis fast trocken ist.

Anwendung: Die Schwarzkümmelpaste auf die befallenen Hautstellen oder aufs Haar auftragen. Dann lange trocknen lassen, mindestens 15 Minuten. Die getrocknete Paste etwa vier Stunden einwirken lassen. Vorsicht beim Auftragen auf die Haut: Die Schwarzkümmelpaste platzt leicht ab.

Erkrankungen der Atemwege

Asthma und Bronchitis

Eine 46jährige Berlinerin erzählt: »In der Pubertät bekam ich zum ersten Mal einen Heuschnupfen. Er kam jährlich wieder und wurde immer schlimmer. Hautausschläge im Gesicht kamen dazu. Eines Tages, während der Haselblüte, bekam ich plötzlich keine Luft mehr. Der Notarzt war zum Glück rechtzeitig da, sonst wäre ich wohl erstickt.«

Die Patientin litt an Asthma. Eine 20jährige Leidensgeschichte mit Kortison nahm nun ihren Ausgang. Aber geheilt wurde sie nicht. Eine Behandlung mit dreimal täglich zwei Kapseln Schwarzkümmel half dagegen schnell und sanft: Nach vier Wochen war das Asthma verflogen.

Es gibt mehrere Formen des Asthmas: die rein allergisch bedingte, die infektbedingte und die gemischtförmige. Außerdem können Schmerzmittel, starke körperliche Anstrengung oder große psychische Belastungen Asthma auslösen.

Bei Asthma bronchiale sollte zusätzlich die Darmflora von schädlichen Darmpilzen befreit werden, denn sie sind an der Erkrankung mitschuldig. Zur Bekämpfung der Pilze gehört eine strenge Diät ohne Zucker und Alkohol mit hefefreiem Sauerteigbrot und wenig Fett.

Wegen mangelhafter Sauerstoffversorgung des Blutes können sich Lippen oder die Haut des Patienten blau verfärben (sogenannte Zyanose). Bei nächtlichen Anfällen, die oft besonders schwer sind, treten häufig Erstickungsgefühle, Angstzustände und Schweißausbrüche auf. Der Puls ist stark beschleunigt. Lang andauernde Asthmaanfälle können lebensbedrohlich sein, wenn das Herz überlastet wird und der Kreislauf versagt.

Ein Großteil der Asthmakranken ist hochgradig allergisch. Durch eine Überreaktion ihres Immunsystems werden die Asthmaanfälle ausgelöst.

Beschwerden bei Asthma

Asthma äußert sich durch folgende Symptome:

- Plötzlich treten heftige Anfälle auf, oft mit hochgradiger Atemnot verbunden.
- Durch Verkrampfung der glatten Muskulatur verengen sich die Bronchialäste.
- Die Schleimhäute schwellen an.
- Es bildet sich zähflüssiger Schleim.
- Die Atmung ist oft mit laut pfeifenden Geräuschen verbunden.
- Es kommt zu heftigem Husten mit glasigem, zähem Auswurf.

Massenkrankheit Asthma

- In Deutschland ist Asthma inzwischen die häufigste chronische Kinderkrankheit: 12 bis 15 Prozent der Kinder leiden unter Bronchialasthma und verwandten Krankheitsformen.
- Von der Gesamtbevölkerung sind etwa zehn Prozent Asthmatiker.
- Vor 70 Jahren waren nur 0,2 Prozent der Bevölkerung Asthmatiker. Das bedeutet seit den zwanziger Jahren eine jährliche Zunahme von 9,8 Prozent und eine Gesamtsteigerung um rund 5000 Prozent.

- Etwa acht Millionen Deutsche sind heute an Asthma bronchiale erkrankt.
- Fast 10 000 Deutsche davon sterben pro Jahr an ihrem Leiden. Die meisten sind noch keine 35 Jahre alt.
- Asthma ist laut Allergiker- und Asthmatikerbund hierzulande neben Aids die einzige Krankheit, bei der eine steigende Zahl von Todesopfern registriert wird.
- Asthma hat als Todesursache inzwischen sogar die Verkehrsunfälle überholt.

Die sekretlösende und gefäßerweiternde Wirkung von ägyptischem Schwarzkümmelöl ist sehr wohltuend für den Asthmakranken. Da die Wirkstoffe des Öls auch die Ursachen für Asthma bronchiale beeinflussen und das Immunsystem wieder harmonisieren, ist die Anwendung dieses Naturheilmittels sehr oft von großem Erfolg gekrönt. Zur Behandlung empfiehlt sich die Einnahme von dreimal zwei Kapseln bzw. dreimal 25 Tropfen Schwarzkümmelöl pro Tag. Außerdem sollten Sie mehrfach täglich mit Schwarzkümmelöl inhalieren.

Sie können inhalieren, indem Sie sich über eine Schüssel mit heißem Wasser beugen, in dem der Wirkstoff, z.B. Schwarzkümmelsamen, gelöst ist, und ein großes Handtuch über den Kopf breiten, damit die Dämpfe heiß eingeatmet werden können. Sie sollten mindestens eine Woche lang inhalieren.

Inhalationen mit Schwarzkümmelöl sollten zweimal pro Tag eine Viertelstunde lang erfolgen, und zwar am Mittag und abends vor dem Schlafengehen. Inhalationen helfen besonders gut bei Erkältung, Schnupfen, Nebenhöhlenentzündungen, allgemeinen Atembeschwerden und bei hartnäckigem Reizhusten.

Schwarzkümmel bei Asthma bronchiale

Zutaten: Sie benötigen ein Glas frischen feingemahlenen Schwarzkümmelsamen auf einen Liter kochendes Wasser.

Zubereitung: Den Schwarzkümmel in eine Schüssel geben und mit dem Wasser überbrühen, gründlich umrühren und etwa eine Viertelstunde inhalieren.

Schwarzkümmelrezepte bei Asthma

Schwarzkümmelsirup

Zutaten: Sie brauchen einen Teelöffel feingemahlenen Schwarzkümmel, zwei Eßlöffel Honig, eine kleine Knoblauchzehe.

Zubereitung: Den Knoblauch mit einer Gabel zerdrücken, Honig dazugeben und dann mit dem Schwarzkümmel vermengen.

Anwendung: Vor dem Frühstück einen guten Teelöffel Sirup einnehmen. Diese Anwendung ist etwa drei Wochen lang täglich durchzuführen.

Schwarzkümmeltee

Den in der folgenden Rezeptur bereiteten Sirup kann man auch zur Teebereitung verwenden. Hierzu gibt man die Mischung, je nach Geschmack, in fertig zubereiteten Früchtetee oder schwarzen Tee und löst sie durch Umrühren auf.

Außerdem kann man aus diesem Sirup eine besonders wirksame Inhalation entwickeln, indem man die gesamte Mischung in einem Liter heißem Wasser auflöst.

Tee gegen Asthma, spastische Bronchitis und schweren Husten

Zutaten: Sie benötigen einen Eßlöffel feingemahlenen Schwarzkümmel, einen Teelöffel Süßholz, einen halben Teelöffel Anis, einen

Teelöffel Kamille, ein Glas heißes Wasser; je nach Geschmack mit Honig süßen.

Zubereitung: Alle Ingredienzen gründlich durchmischen und in einen Teebeutel oder in ein Tee-Ei füllen. In das heiße Wasser geben. Zehn Minuten ziehen lassen, den Teebeutel auspressen.

Anwendung: Der Tee soll warm getrunken werden, bei Bedarf mehrmals täglich. Dieses Rezept eignet sich sowohl als Tee als auch für Inhalationen. Dazu geben Sie die vermischten Zutaten in eine Schüssel mit heißem Wasser. Die völlige Ausheilung eines schweren Hustens dauert etwa sechs bis zehn Tage.

Bei Asthma bronchiale und spastischer Bronchitis ist zusätzlich zur Anwendung von ägyptischen Schwarzkümmelrezepturen auch eine Neuraltherapie nach Hunneke zu empfehlen. Außerdem soll die Darmflora gut saniert und möglichst frei von schädlichen Pilzen sein. Dazu auch eine Spezialrezeptur.

Die Zahl der Pilzerkrankungen hat sich in den vergangenen zehn Jahren verdreifacht. Darum ist es angebracht, einer Pilzerkrankung frühzeitig durch die Einnahme von Schwarzkümmel vorzubeugen.

Schwarzkümmel gegen Darmpilze

Zutaten: Sie brauchen zwei Gläser Apfelessig, ein Glas feingemahlenen Schwarzkümmel, ein Glas Schwarzkümmelöl.

Zubereitung: Apfelessig erhitzen und frischen gemahlenen Schwarzkümmel einrühren; kurz aufkochen lassen. Während des Kochens das Schwarzkümmelöl unter Rühren zugeben. Topf vom Feuer nehmen, nochmals kräftig durchrühren, bis eine geschmeidige, fast feste Konsistenz erreicht ist. Danach abkühlen lassen.

Anwendung: Diese Rezeptur bitte im Kühlschrank aufbewahren und vor jeder Mahlzeit einen Eßlöffel davon einnehmen.

Pollenallergie und Heuschnupfen

Jedes Jahr wiederholt sich bei einem Patienten das gleiche Drama: Kaum geht er in seinen Garten mit der Birke, wird er von Schnupfen, Husten und Heiserkeit gequält. »Ich bin einfach zu früh rausgegangen, es war wohl noch zu kalt«, meint er resignierend. Doch dann läßt er sich auf Birkenpollenallergie testen. Ergebnis: positiv. Es war klar: Die gemütlichen Stunden im Garten waren vorbei.

Mit ägyptischem Schwarzkümmelöl konnte diesem Mann geholfen werden: Er nahm dreimal täglich zwei Kapseln ein. Mit dieser Anwendung begann er, als draußen noch Schnee lag. Ergebnis: keine laufende Nase, keine jukkenden Augen, keine heisere Stimme.

Ursachen und Folgen einer Pollenallergie

- Auslöser von Heuschnupfen sind im Frühjahr vor allem die Pollen von Haselnuß, Erle, Esche und Birke. Im Frühsommer kommen Gräserpollen dazu.
- Pollenallergien beruhen auf einer Überempfindlichkeit gegenüber den Eiweißkomponenten von Pollen einzelner oder mehrerer Baumarten und/oder Gräser. Werden die Pollen eingeatmet, tritt eine überschießende Immunreaktion auf. Unsere körpereigene Abwehr bekämpft die fremden Eiweißpartikel. Dadurch entstehen Jucken, Brennen, Tränen der Augen, Niesanfälle und Schwellungen der Nase.
- Fast jeder vierte Pollenallergiker entwickelt nach etwa zehn Jahren auch ein allergisches Asthma.

Schwarzkümmel bei Heuschnupfen

Wichtig ist, daß möglichst vor Beginn des Pollenfluges schon mit der Einnahme von Schwarzkümmelöl

(Bezugsquellen siehe Seite 105f.) begonnen wird. Die Tagesdosis beträgt dreimal je zwei Kapseln bzw. dreimal 25 Tropfen.

Wenn der Heuschnupfen bereits eingesetzt hat, empfiehlt sich zusätzlich zur oralen Einnahme der Ölkapseln noch eine mehrmalige Inhalation am Tag. Dazu geben Sie entweder ein Gläschen Öl auf einen Liter heißes Wasser und atmen dann unter einem Handtuch die Dämpfe gut zehn Minuten lang ein, oder Sie brühen eine Tasse feingemahlenen Schwarzkümmel mit einem Liter kochendem Wasser auf und inhalieren dann etwa eine Viertelstunde damit, am besten mittags und abends.

Erkältungskrankheiten

Durch den Einsatz von ägyptischem Schwarzkümmelöl können lästige Erkältungskrankheiten schneller überwunden werden, und sie verlaufen meist weniger schwer. Durch die Stärkung des Immunsystems ist es sogar möglich, die gefürchteten Anschlußkrankheiten an einen Schnupfen oder einen grippalen Infekt zu vermeiden. Dazu zählen Ohrenentzündungen und -vereiterungen, Nebenhöhlenerkrankungen und schwere Bronchitiden.

Durch die Harmonisierung und Verbesserung der körpereigenen Abwehr, die man durch die Einnahme und Anwendung von Schwarzkümmelöl erzielen kann, lassen sich viele Erkältungskrankheiten überhaupt verhindern.

Husten- und Bronchitistee

Zutaten: Sie brauchen einen Eßlöffel feingemahlenen Schwarzkümmel, einen Teelöffel Süßholz, einen halben Teelöffel Anis, einen Teelöffel Kamille.

Zubereitung: Den Schwarzkümmel in eine große Tasse geben, dazu das Süßholz, den Anis und die Kamille. Mit kochendem Wasser aufbrühen. Zehn Minuten ziehen lassen, abseihen und heiß trinken. Je nach Geschmack kann noch Honig zum Süßen beigemischt werden.

Anwendung: Den Sud täglich mehrmals frisch trinken.

Anti-Erkältungs-Inhalation

Zutaten: Sie brauchen eine kleine Knoblauchzehe, zwei Eßlöffel Honig, einen Teelöffel feingemahlenen Schwarzkümmel.

Zubereitung: In einer Schüssel eine kleine Knoblauchzehe zerdrücken, den Honig darüberlaufen lassen, mit dem Schwarzkümmel bestreuen. Einen Liter kochendes Wasser darübergießen.

Anwendung: Etwas ziehen lassen und dann, mit einem großen Handtuch abgedeckt, inhalieren. Außerdem täglich dreimal je zwei Kapseln ägyptisches Schwarzkümmelöl einnehmen.

Pilzerkrankungen

Hautpilze

Die Ausbreitung von Pilzerkrankungen ist alarmierend. In den letzten zehn Jahren haben sie um 30 Prozent zugenommen.

Wenn Sie plötzlich gerötete Stellen auf Ihrer Haut entdecken, an denen sich vielleicht schon gerötete Pusteln gebildet haben und es ständig juckt, könnte eine Pilzerkrankung vorliegen. Gehen Sie deshalb frühzeitig zu Ihrem Hautarzt, der eine Untersuchung durchführen kann.

Die Diagnose des Arztes könnte dann sein: *Candida albicans*. Das ist ein Hautpilz der weitverbreiteten Art. Damit das Jucken möglichst schnell aufhört, verordnen die Ärzte oft eine kortisonhaltige Anti-Pilz-Creme. Eine gute Alternative wäre die untenstehende Schwarzkümmelcreme.

Ärzte verschreiben oft allzu rasch das wirksame, aber nebenwirkungsreiche Kortison. Forscher in Hilton Head Island haben nachgewiesen, daß der nebenwirkungsfreie Schwarzkümmel ebenfalls eine starke antibakterielle und antimykotische Wirkung hat.

Kortison hat nicht nur unerwünschte Nebenwirkungen, es bedarf bei häufiger Verwendung auch immer höherer Dosierungen. Heben Sie sich Kortison für Notfälle auf!

Creme zur äußerlichen Hautpilzbehandlung

Zutaten: Sie brauchen zwei Gläser Apfelessig, ein Glas feingemahlenen frischen ägyptischen Schwarzkümmelsamen, ein Glas Stärkemehl.

Zubereitung: Apfelessig erhitzen, Schwarzkümmel einrühren. Nach dem Aufkochen der Mischung das Stärkemehl zugeben und gut verrühren. Anschließend abkühlen lassen.

Anwendung: Die Masse zweimal täglich auf die betroffenen Hautstellen auftragen.

Zur Unterstützung der äußerlichen Anwendung sollten Sie noch dreimal täglich je zwei Kapseln bzw. dreimal 25 Tropfen ägyptisches Schwarzkümmelöl (Bezugsquellen siehe Seite 105f.) oral einnehmen. Dann ist damit zu rechnen, daß nach gut einer Woche die Rötung der Haut deutlich zurückgeht und der Juckreiz völlig aufhört.

Der große Vorteil dieser Therapie mit dem Naturheilprodukt Schwarzkümmelöl liegt auch darin, daß Sie keinerlei Nebenwirkungen zu befürchten haben, wie das beispielsweise beim langfristigen Gebrauch einer kortisonhaltigen Creme der Fall wäre.

Fast jeder ist betroffen

Pilzinfektionen breiten sich aus wie eine Epidemie. Fast jeder ist betroffen oder stark gefährdet.

- Bei über 50 Prozent der Deutschen sind die berüchtigten Candidapilze im Körper bereits nachweisbar.
- Besonders häufig sind Frauen betroffen. Rund 70 Prozent erkranken irgendwann an einer Pilzinfektion im Genitalbereich.
- Das Risiko, an einer solchen genitalen Infektion zu erkranken, verdoppelt sich für Frauen, die Antibabypillen einnehmen.

Die synthetischen Hormone zerstören nämlich schützende natürliche Milchsäurebakterien im Intimbereich.
- Wer Antibiotika einnimmt, zerstört damit auch die natürlich vorhandenen Schutzbakterien und wird leichter von Pilzen befallen.
- Außerdem sind Diabetiker mit schlecht eingestelltem Blutzuckerspiegel besonders gefährdet. Ein hoher Zuckergehalt im Organismus ist eine hervorragende Nahrung für die Pilze.

Darmpilze

Wenn Sie vermuten, daß Sie eine Pilzinfektion haben, gehen Sie gleich zum Arzt. Die zunehmende Ausbreitung der Pilze betrifft nicht nur Haut und Geschlechtsorgane, sondern auch innere Körperorgane, vor allem den Verdauungstrakt.
Von dort aus gelangen Pilze auch immer von neuem zu anderen Organen oder Körperteilen. Pilzinfektionen treten oft an besonders peinlichen Stellen auf:
- am Darmende und After
- an der Scheide
- im Mund.

Deshalb ist die Anti-Pilz-Strategie meistens nur dann von Erfolg gekrönt, wenn nicht nur das befallene Organ behandelt wird. Die Anti-Candida-Diät und die orale Anwendung von Schwarzkümmelöl sind wichtig, um die Darmpilze wirkungsvoll auszuschalten.
Eine 37jährige Frau litt unter heftigem Juckreiz im Scheidenbereich. Es war ihr peinlich, deswegen einen Arzt aufzusuchen, und sie versuchte darum zunächst, durch verstärkte Hygiene ihre lästigen Beschwerden loszuwerden. Erst als ihr Mann von ähnlichen Be-

schwerden im Bereich der Geschlechtsorgane geplagt wurde, suchten die beiden einen Hautarzt auf.

Der Mediziner entdeckte die Pilzinfektion. Er wußte auch, daß der gesamte Organismus der erkrankten Partner behandelt werden mußte und nicht nur die betroffenen Hautstellen. Damit war der erste Schritt zur Besserung getan.

Hefepilze, zu denen *Candida albicans* gehört, können im Darm langfristig überleben, weil sie keinerlei Sauerstoff zum Überleben brauchen. Deshalb muß man versuchen, dem Pilz mittels einer Anti-Candida-Diät die Nahrungsgrundlage zu entziehen. Sie ist sehr langfristig angelegt, weil keine Pilze überleben dürfen.

Ägyptisches Schwarzkümmelöl eignet sich gut zur Behandlung von Darmpilzen: Wenn sich Pilze in den Verdauungstrakt eingenistet haben, muß eine strenge Diät eingehalten werden.

Als Maßnahme zur Bekämpfung der Infektion über die Immunabwehr werden dreimal täglich zwei Kapseln bzw. dreimal 25 Tropfen ägyptisches Schwarzkümmelöl oral eingenommen. Zusätzlich hilft die folgende Rezeptur.

Rezeptur zur Bekämpfung von Darmpilzen

Zutaten: Sie brauchen zwei Gläser Apfelessig, ein Glas feingemahlenen Schwarzkümmel, ein Glas flüssiges Schwarzkümmelöl.

Zubereitung: Zunächst wird der Apfelessig aufgekocht. In die kochende Flüssigkeit gibt man unter ständigem Rühren den gemahlenen Schwarzkümmel. Weiterhin leicht köcheln lassen und das flüssige Schwarzkümmelöl einrühren. Sobald die Masse eine sirupartige Konsistenz erreicht hat, vom Feuer nehmen und abkühlen lassen.

Anwendung: Täglich dreimal einen Eßlöffel voll vor den Mahlzeiten einnehmen.

Hinweis: Bitte vergessen Sie nicht, daß auch Ihr Partner oder Ihre Partnerin mit dieser Schwarzkümmelrezeptur behandelt werden muß, um Erfolg zu haben. Pilzinfektionen in Partnerschaften betreffen häufig beide Partner.

Candida-Diät

Zur erfolgreichen Pilzbehandlung gehört auch eine spezielle Diät, um das Wachstum des Hefepilzes *Candida albicans* im Darmtrakt soweit wie möglich einzuschränken. Die Diät sollte mit Hilfe eines Arztes individuell ausgearbeitet werden, da das Gewicht des Patienten, seine allgemeine Kondition und das Ausmaß der Störung des Bakteriengleichgewichts im Darm eine wichtige Rolle spielen.

Entziehen Sie den Pilzen einfach die Nahrungsgrundlage, dann verhungern sie. Wie das geht, erfahren Sie in der nebenstehenden Tabelle.

Checkliste: Candidadiät

Was Sie von Ihrem Speisezettel streichen sollten	Was Sie auf Ihren Speisezettel setzen sollten
Brot und Kuchenteig mit Hefe	Ungesüßtes Brot (ohne Hefe) Sauerteigbrot
Käse und die meisten Milchprodukte	Knäckebrot (ohne Hefe)
Weißmehlprodukte (weißer Reis, Makkaroni, Spaghetti, Kekse und Kuchen)	Reformkuchen ohne Zucker
Weiterverarbeitetes Geflügel und Fleisch (Wurst)	Reformmargarine
Geräucherter Fisch Dosen und Tiefkühlgemüse mit Zusätzen wie Zucker, Mehl, Käse	Butter, Butterschmalz Kaltgepreßte Öle
Süßes Obst wie Trauben, Birnen, Bananen, Melonen; während der ersten Zeit der Diät ist Obst überhaupt nicht erlaubt	Volle Körner (ungeschälter Reis, Gerste, Hirse, Weizen und Hafer)
Zucker	Buttermilch
Honig	Sojamilch
Zuckerhaltige Lebensmittel	Biojoghurt
Getrocknetes Obst (Rosinen, Korinthen, Datteln, Feigen)	Quark
Erdnußcreme	Hüttenkäse
Alkohol	Vollkornprodukte
Fruchtsäfte	Hülsenfrüchte und Kartoffeln
Limonaden	Frisches Fleisch
Colagetränke	Geflügel und Eier
Kaffee und Tee	Frischer Fisch

Was Sie von Ihrem Speise-zettel streichen sollten	Was Sie auf Ihren Speise-zettel setzen sollten
Nahrungsmittel, die von Natur aus Hefe enthalten, wie Pilze, Alkohol, Hefeflocken, Marmite, vegetabile, hefehaltige Brotaufstriche, Bierhefe	Frisches Gemüse (eventuell tiefgekühltes Gemüse ohne Zuckerzusätze und ohne Saucen), frische Kräuter
Gebäck, Diabetikerkuchen	Süßstoff: Aspartam, wenn man wirklich nicht ohne Süßstoff auskommt
Fertigsuppen und -saucen	Ungebrannte Mandeln, Cashewnüsse und Nußpasten
Bouillonwürfel	Samen (Sonnenblumenkerne, Leinsamen, Sesamsamen und Samenpasten)
Essig	Mineralwasser ohne Kohlensäure
Maggi	Getreidekaffee
Ketchup	Kräutertees
Senf	Reiswaffeln
Industrienahrungsmittel	Frischgepreßter Zitronensaft (außer am Anfang der Diät)

Hormonkrankheiten

. . . .

Kopfschmerzen

Eine 35jährige Frau erzählt: »Schon am Abend, bevor ich Kopfschmerzen bekam, merkte ich meist, daß sich Kopfschmerzen ankündigten. Ich war gereizt oder depressiv. Beim Aufwachen am nächsten Morgen zogen dann tatsächlich die Schmerzen herauf, erst verhalten, aber im Laufe des Vormittags kräftig zunehmend. Es stach und bohrte in meinen Schläfen.«
»Ich griff zur Tablette, dann zu einer weiteren. Aber meist wirkten diese erst am nächsten Morgen. So ging das zwei- bis dreimal im Monat. An solchen Tagen konnte ich meinen Beruf nicht mehr ausüben und brauchte eine Vertretung. Am schlimmsten waren die Schmerzen übrigens während der Periode und bei starker nervlicher Belastung.«
»Es dauerte lange, bis ich einen Arzt fand, dem der Zusammenhang zwischen bestimmten Hormonen und Kopfschmerzen bekannt war.«
Der Arzt verordnete das sanfte Naturheilmittel ägyptisches Schwarzkümmelöl und eine spezielle Rezeptur dazu. Seither ist die Frau weitgehend beschwerdefrei und kann ihren Beruf wieder ungehindert ausüben.
Bitte beachten Sie: Nicht alle Formen von Kopfschmerzen werden durch Hormonstörungen ausgelöst. Probieren Sie einfach den Schwarzkümmel bei sich aus.

Rezeptur gegen Kopfschmerzen

Zutaten: Sie benötigen ein Glas feingemahlene Schwarzkümmelsamen, ein Glas gemahlene Nelken, ein Glas gemahlenen Anis.
Zubereitung: Die drei Gewürze werden gemischt und dann als Pulver eingenommen.
Anwendung: Vor dem Frühstück und vor dem Mittagessen je einen Teelöffel voll so lange im Mund einspeicheln, bis sich die Pulvermischung schlucken läßt. Spätestens am dritten Tag sind die Kopfschmerzen verschwunden.

- Acht Millionen Deutsche leiden unter chronischen Kopfschmerzen.
- Betroffen sind vor allem Erwachsene zwischen 20 und 40 Jahren.
- Frauen leiden doppelt so oft unter Kopfschmerzen wie Männer.

Die Ursachenforschung ist oft außerordentlich schwierig. Die Ursachen von Kopfschmerzen können sein: Stoffwechsel- und Verdauungsstörungen, Durchblutungsprobleme im Kopf, Streß, Hormone, Genußgifte, Allergien, psychische Probleme, Wetterumschwünge, Lärm, Hitze, Kälte und schlimmstenfalls sogar Tumore. Vor einer Behandlung durch Selbstmedikation ist in jedem Fall ein Arzt zu konsultieren, vor allem dann, wenn die Kopfschmerzen mit Lähmungserscheinungen, Sehstörungen oder Schwindel einhergehen, mit 40 Jahren zum ersten Mal auftreten oder nach körperlicher Anstrengung einsetzen.

Impotenz

Für die meisten Männer bricht eine Welt zusammen, wenn sie glauben, impotent zu sein. Viele schämen sich und meiden den Hausarzt vor Ort, damit in ihrer Umgebung niemand etwas mitbekommt. Meist wird nicht einmal der eigenen Frau das Problem offen eingestanden. Dann wird eine andere Krankheit oder Zeitmangel vorgeschoben. Der Grund ist auch, daß die Mehrzahl der Menschen davon ausgeht, daß die Impotenz weiter anhält. So befürchten die Betroffenen dann einen Imageverlust. Medizinisch gesehen ist Impotenz jedoch eine organische Krankheit wie jede andere. Darum liegt kein objektiver Grund vor, sich wegen dieser Krankheit zu schämen.

Mediziner sprechen heute von erektiler Dysfunktion. Das bedeutet, daß der Blutandrang in der Erregungsphase des Mannes nicht mehr ausreicht, um dem Penis zu einer Erektion zu verhelfen. Manchmal kommt eine Erektion zwar noch zustande, aber nur für wenige Augenblicke. Bis vor wenigen Jahren gingen die Sexualwissenschaftler und Ärzte davon aus, daß bis zu 90 Prozent der Potenzstörungen seelisch bedingt seien.

Organische Ursachen der Impotenz

Heutiger Forschungsstand ist, daß die weitaus meisten sogenannten erektilen Dysfunktionen auf organischen Mängeln beruhen. Als Auslöser von zeitlich begrenzter Impotenz gelten vor allem folgende Faktoren:

- Streß
- Stoffwechselprobleme
- verengte Blutgefäße
- Alkohol, Drogen
- hormonelle Störungen
- rheumatische Krankheiten
- Umweltgifte.

Daß ägyptisches Schwarzkümmelöl so gut gegen Impotenz hilft, hat seinen Grund in den erwiesenen Eigenschaften des Gewächses. Schwarzkümmel leistet folgendes:

- Die Produktion von Körpersäften und Sekreten wird gesteigert.
- Mit Schwarzkümmel steigt die Produktion des männlichen Sexualhormons. Dadurch bekommen Sie wieder mehr Lust.
- Die Gefäße werden erweitert, und der Kreislauf kommt wieder in Schwung.
- Schwarzkümmel steigert und verbessert Ihre Stimmung.

All diese Eigenschaften zusammen machen es einsichtig, daß ägyptisches Schwarzkümmelöl, pur eingenommen, eine günstige Wirkung auf die sexuellen Fähigkeiten des Mannes haben kann. In der Medizin des Orients werden diese Wirkungen noch mit anderen potenzsteigernden Mitteln verstärkt. Neben der Einnahme von dreimal zwei Kapseln bzw. dreimal 25 Tropfen ägyptischem Schwarzkümmelöl pro Tag hat sich das folgende Rezept bewährt.

Schwarzkümmel gegen Impotenz

Zutaten: Sie benötigen ein Glas feingemahlenen Schwarzkümmel, ein Glas feingemahlenes Inula Helenum, ein viertel Glas Origanum, ein halbes Glas feingemahlenen Bockshornklee.

Zubereitung: Die Zutaten gut durchmischen.

Anwendung: Von der Mischung täglich einen Eßlöffel mit Honig gemischt etwa eine Viertelstunde vor dem Frühstück einnehmen.

Zum Frühstück sollten Sie außerdem 40 Tage lang ein Glas Vollmilch mit Malz im Verhältnis von eins zu eins trinken. Auch viel frisches Obst, z.B. Bananen, zeitigt Wirkungen.

Schwarzkümmel im Alltag

Drei Pfeiler des Immunsystems

Ganz gleich, ob Sie zur Zeit unter einer Krankheit leiden oder nicht – Sie sollten sich auf jeden Fall um Ihr Immunsystem kümmern, liegt hier doch die Antwort auf die Frage, warum die einen krank werden, andere dagegen von allem verschont bleiben. Darum ist es sinnvoll, einige Zeit für ein gesundes Immunsystem zu investieren, als später viel mehr Zeit bei Ärzten oder im Krankenhaus zu verbringen.

Wie Sie gesehen haben, hat Schwarzkümmel eine optimale immunregulatorische Wirkung. Vitamine sind für Ihren Organismus von fundamentaler Bedeutung. Da diese schon in den Schwarzkümmelpräparaten enthalten sind, brauchen Sie sich darum nicht mehr zu kümmern. Lediglich auf eine ausreichende Enzymzufuhr müßten Sie noch achten.

Krankheiten, bei denen der Arzt keine Ursache feststellen kann, gehen oft auf ein gestörtes Immunsystem zurück.

Neuerdings gibt es moderne Verfahren, die durch eine Art Immun-TÜV zu einem frühen Zeitpunkt negative Entwicklungen in der körpereigenen Abwehr erkennen können. Dadurch wird es besser möglich, Immundefekte rechtzeitig zu behandeln. Ansprechpartner für solche Diagnoseverfahren sind immunologische Forschungslabors. Diese sind in der Lage, gezielte Therapieempfehlungen zu geben, die der Patient seinem Hausarzt vorlegen kann.

Wenn Sie chronisch krank sind, unklare Beschwerden haben oder über Ihre Körperabwehr Bescheid wissen wollen, dann sollten Sie eine Blutprobe an ein immunologisches Speziallabor (z.B. Zytognost in München) senden. Sie muß zwei bis fünf Milliliter umfassen und in gerinnungshemmend beschichteten, sogenannten EDTA-Röhrchen am besten durch den Hausarzt versandt werden.

Im Labor werden die genauen Zahlen der wichtigen Abwehrzellen festgestellt. Nach dieser Analyse des Blutes wird das Ergebnis genauestens dokumentiert und seine Bedeutung erläutert. Anschließend erstellt das Labor eine Empfehlung über das weitere Vorgehen.

Empfehlungen aus immunologischen Speziallabors sind die Grundlage für wirksame präventive Maßnahmen. Darüber hinaus geben sie aber auch wertvolle Hinweise zur Behandlung chronischer Krankheiten.

Optimieren Sie Ihr Immunsystem

Ein gesundes Immunsystem beruht auf drei zentralen Substanzen:
- Vitaminen
- Enzymen
- Mehrfach ungesättigten Fettsäuren.

Nehmen Sie genug von diesen Vitalstoffen zu sich, sind Sie gegen Infektionen aller Art bestens gewappnet. Mit gesunder Ernährung und Schwarzkümmel sind Sie auf der sicheren Seite.

Schwarzkümmel – Pro ohne Kontra

Der gesunde Mensch stellt ein fein abgestimmtes und harmonisch reguliertes Biosystem dar, welches seinerseits aus mehreren sich gegenseitig kontrollierenden Systemen besteht.

Durch ständig stattfindende Zellteilungen werden verbrauchte und nicht mehr funktionierende Zellen erneuert.

Alle diese Vorgänge finden in einem jeweils speziellen Zellmilieu statt, welches durch die Körpertemperatur, die verschiedenen Körperflüssigkeiten und zahlreiche Vitamine, Mineralstoffe, Spurenelemente, Enzyme, Eiweiße und Aminosäuren gebildet wird.

Ihr Körper hat sechs verschiedene Hauptorgansysteme, die alle mit Fettsäuren, Vitaminen und Enzymen versorgt werden müssen. Schwarzkümmelprodukte sind wegen ihres Gehalts an mehrfach ungesättigten Fettsäuren an der »Ernährung« der Systeme wesentlich beteiligt.

Auf die folgenden Organsysteme des Menschen wirken sich die Inhaltsstoffe des Schwarzkümmelöls vorteilhaft aus:

- Bewegungssystem aus Muskeln, Knochen, Sehnen, Bändern und Gelenken
- Sinnessystem aus Augen, Ohren, Geschmacksorganen der Zunge und Tastorganen der Haut
- Verdauungssystem aus Mundhöhle, Speiseröhre, Magen, Bauchspeicheldrüse, Leber und Darm
- Kreislaufsystem aus den Blutgefäßen, dem Blut- und Lymphsystem sowie dem Herzen
- Atmungssystem aus den Atemwegen mit Nase, Rachen, Kehlkopf und Lungen

● Harnsystem aus Nieren, Harnleiter, -blase und Harnröhre.

Die verschiedenen Organsysteme müssen in ihrem Zusammenspiel aufeinander abgestimmt sein. Einzelne Organe müssen phasenweise zu vermehrter Tätigkeit angeregt, andere wiederum in ihrer Tätigkeit gedrosselt werden. Zur Abstimmung der Tätigkeiten verfügt unser Körper über zwei Steuerungssysteme:
● das Hormonsystem
● das Nervensystem.

Ägyptisches Schwarzkümmelöl ist ein klassisches Mittel zur täglichen Ergänzung der Nahrung.
● Es ist ausgezeichnet verträglich.
● Es ist auch für Kinder sehr gut geeignet.
● Es kann hervorragend zum gesundheitsbewußten Kochen verwendet werden.
Wir sind es gewohnt, daß fast jedes hochwirksame Präparat auch enorme Nebenwirkungen hat. Bei Schwarzkümmel ist es anders: Zu Beginn der Einnahme wird gelegentlich über leichtes Aufstoßen berichtet, welches aber nach wenigen Tagen meistens verschwindet. Von Nebenwirkungen ist ansonsten nichts bekannt.

Einnahmemenge
Die empfohlene Zufuhr von Schwarzkümmelöl als Nahrungsergänzungsmittel sollte mindestens eineinhalb bis drei Gramm täglich betragen. Das entspricht der Menge von dreimal ein bis zwei Kapseln bzw. dreimal 20 bis 25 Tropfen des ägyptischen Schwarzkümmelöls. Die Einnahme sollte über einen Zeitraum von drei bis sechs

Monaten durchgeführt werden. In Einzelfällen können eine höhere Dosierung und eine längere Anwendungszeit bedenkenlos empfohlen werden.

● Beim Schwarzkümmel ist die medizinische und kosmetische Wirksamkeit der Pflanze auch von der Sorte und ihrem Herkunftsort abhängig.

● Auch die Anbaubedingungen, also beispielsweise der Boden oder die Intensität der Sonneneinstrahlung, haben Einfluß auf die Eigenschaften des Schwarzkümmels.

● Anbaumaßnahmen und Kaltpressung sind weitere Voraussetzungen für die Bewahrung der Wirkstoffe.

Die wissenschaftliche Grundlagenforschung ermittelte bisher die höchste Wirksamkeit beim ägyptischen Schwarzkümmel. Original ägyptischer Schwarzkümmel hat genügend Sonne, den optimalen Boden, er stammt aus biologisch-kontrolliertem Anbau und wird im schonenden Kaltpreßverfahren gewonnen.

Nahrungsergänzungsmittel und Kosmetika aus ägyptischem Schwarzkümmel erhalten Sie in allen gut sortierten Reformhäusern und Apotheken.

Schwarzkümmel im Handel

Ägyptischer Schwarzkümmel ist in Deutschland in unterschiedlicher Form und Konsistenz erhältlich. Erkundigen Sie sich in Ihrem Reformhaus oder in Ihrer Apotheke, welches Produkt sich für Ihren Bedarf am besten eignet. Sie erhalten:

● Schwarzkümmelöl-Kapseln
● flüssiges Schwarzkümmelöl
● Schwarzkümmelsamen.

Die Konzentrationen der verschiedenen Wirkstoffe des Schwarzkümmels schwanken je nach Gewinnungsverfahren. Die Inhaltsstoffe sind abhängig von Anbau, Ernte und Weiterverarbeitung. Das gilt auch für Verunreinigungen, die bei allen drei Faktoren möglich sind.

● Deshalb wird heute dem Schwarzkümmel mit modernen Verfahren ein stets gleichbleibender Gehalt verliehen, Belastungen werden ausgeschlossen, und die Dosierung wird standardisiert.

Die Öle der Kapseln sind vor dem Einfüllen nach den Inhaltsstoffen und möglichen Verunreinigungen untersucht worden. Daher kann hier eine sehr genaue Dosierung erfolgen. Qualitätsprodukte mit flüssigem Schwarzkümmelöl müssen vom Patienten genau dosiert werden.

Sie nehmen Vitamine zusätzlich zur Nahrung ein? Auf manche Multivitamintablette können Sie ab jetzt verzichten: Im ägyptischen Schwarzkümmelöl sind die Vitamine schon enthalten.

Mit einer durchschnittlichen Dosis von zwei- bis dreimal täglich zwei Kapseln bzw. zwei- bis dreimal 20 Tropfen Schwarzkümmelöl decken Sie genau Ihren täglichen Bedarf an mehrfach ungesättigten Fettsäuren. Zusätzlich stellen Sie aber durch die Kapseleinnahme Ihren Vitaminbedarf sicher.

Um die für das Immunsystem wertvollen mehrfach ungesättigten Fettsäuren vor Oxidation zu schützen, werden die Kapseln mit antioxidativen Vitaminen wie Vitamin E und Beta-Karotin angereichert.

Vitamine im Schwarzkümmelöl

Neben den mehrfach ungesättigten Fettsäuren unterstützen außerdem Vitamine, Mineralstoffe und Spurenelemente die Funktionen unseres körpereigenen Immunsystems. Letztere nimmt der Mensch durch die Nahrung auf. Doch durch die zunehmende Umweltbelastung mit Giften, Schwermetallen, Lösungsmitteln und Strahlungen steigt der Bedarf an sogenannten Antioxidantien. Deshalb ist das Immunsystem zur Aufrechterhaltung seiner Funktion auf eine zusätzliche Zufuhr von Antioxidantien mit der Nahrung oder durch Nahrungsergänzung angewiesen.

Dem Schwarzkümmelöl sind Antioxidantien zugesetzt, was folgende Vorteile mit sich bringt:

- Sie nutzen der Aufrechterhaltung des Immunsystems.
- Sie dienen der Emulgation des Schwarzkümmelöls und damit seiner besseren Verträglichkeit und schnelleren Wirkungsentfaltung im Körper.
- Sie dienen dem Schutz vor Oxidation, wodurch das Öl seine Frische über lange Zeit erhält.
- Sie vermeiden das Aufstoßen, das bei der Einnahme von purem Schwarzkümmelöl auftreten kann.

Antioxidantien

Antioxidantien stärken das Immunsystem und halten den Zellstoffwechsel intakt – auf diese Weise schützen sie sogar vor Krebs.

- Vitamin A
- Provitamin A (Beta-Karotin)
- Vitamin C
- Vitamin E
- Selen.

Wichtige Antioxidantien für Ihr Immunsystem

Die folgenden Antioxidantien sind von ganz besonderer Bedeutung für Ihr gut funktionierendes Immunsystem:

Beta-Karotin (Provitamin A)
Wichtig für: Haut, Haare, Sehvermögen, Schleimhäute, Zellschutz (Antioxidans), Abwehrkräfte.
Die positive Wirkung des Vitamin A oder des Beta-Karotins bei Tumorkrankheiten ist durch Studien eindeutig bewiesen. Mikroskopische Untersuchungen zeigen, daß die Vitamin-A-Zufuhr Krebszellen wieder in den Normalzustand zurückführen kann. Vitamin A erhöht die Aktivität der Hauptabwehrzellen.

Biotin
Wichtig für: Haare, Haut, Nägel, Stoffwechsel von Fett, Eiweiß und Kohlenhydraten.

Folsäure
Wichtig für: Zellstoffwechsel, Haut, Schleimhäute, Wachstum, Blutbildung, Knochen, Haarwachstum.
Der Mangel an Folsäure führt zu Blutarmut. Auch hieran ist ein immunologischer Vorgang entscheidend beteiligt.

Magnesium
Wichtig für: Nerven-, Herz- und Muskelfunktion; Enzymaktivität.
Magnesium ist ein wichtiges Element, das bei allen schnell ablaufenden energetischen Prozessen der Zelle benötigt wird. Magnesium aktiviert ungefähr 300 Enzyme im Kohlenhydrat-, Fett- und Eiweißstoffwechsel.

Magnesiummangel führt außerdem zur Inaktivität der Immunzellen und damit zum Zusammenbruch der körpereigenen Abwehr.

Selen
Wichtig für: Zellschutz (Antioxidans), Schwermetall-entgiftung, Haut, Haare.
Bei Selenmangel tritt eine vermehrte Krebsanfälligkeit auf, außerdem eine höhere allergische Anfälligkeit, besonders gegen Chemikalien.

Vitamin B1
Wichtig für: Nerven, Gedächtnis, Kohlenhydratstoffwechsel, Herz, seelisches Gleichgewicht.

Vitamin B2
Wichtig für: Haut, Schleimhäute, Energieproduktion aus Nährstoffen wie Eiweiß, Fett und Kohlenhydraten, Blutbildung, Wachstum, Leistungsfähigkeit. Bei Vitamin-B2-Mangel können ähnliche Symptome auftreten wie unter »Vitamin B6« beschrieben.

Vitamin B6
Wichtig für: Nerven, Haut, Abwehrkräfte, Eiweißstoffwechsel, Schleimhäute; ebenfalls für Frauen, die die Pille nehmen. Bei Mangel an Vitamin B6 kann man Funktionsstörungen des Immunsystems beobachten: eingerissene Mundwinkel, Rückbildung der Zungenschleimhaut, Rötung und Schuppenbildung der Haut um die Augenwinkel und die Falten zwischen Nase und Wangen. Außerdem können Störungen des Nervensystems und Blutarmut auftreten.

Vitamin C
Wichtig für: Abwehrkräfte, Zellschutz (Antioxidans), Eisenverwertung, Bindegewebe (Wundheilung), Zähne, Knochen.
Vitamin C hat seine Hauptwirkung in der Radikalefängereigenschaft zum Schutz zellulärer Funktionen.
Die Zeichen von Vitamin-C-Mangel deuten auf eine starke Herabsetzung der Immunabwehr hin.
Vitamin-C-Mangel ist verbunden mit größerer Anfälligkeit gegen Infektionskrankheiten und zeigt auch typische Erscheinungen an der Schleimhaut. Vitamin C wirkt indirekt über Schutz- und Entgiftungsfunktionen auf Ihr Immunsystem.

Vitamin E
Wichtig für: Zellschutz, Haut, Herzmuskelgefäße, Schleimhäute; Schutzfaktor für ungesättigte Fettsäuren; Leberschutz.
Ein Mangel an Vitamin E führt zur vermehrten Verklebung der Blutplättchen und zu einer Veränderung der Fließeigenschaften des Blutes. Bei gleichzeitigem Selenmangel führt ein Vitamin-E-Defizit zu einer verringerten Antikörperproduktion und zu einem erhöhten Krebsrisiko.
Vitamin E hat eine entscheidende Bedeutung bei der Begleittherapie während einer Bestrahlung zur Minderung der erhöhten Radikalebildung (schädigender, aggressiver Substanzen).
Bei Verminderung von Vitamin E entsteht ein erhöhtes Risiko für DNA-Brüche (DNA = Erbsubstanz) durch freie Radikale. Daraus resultiert ein mangelhafter Schutz vor Fettzersetzung der Zellmembranen.

Zink
Wichtig für: Haut, Haare, Wundheilung, Keimdrüsenfunktion.
Zink ist Bestandteil von etwa 70 Enzymen. Die Wirkungsmechanismen unseres Immunsystems benötigen alle überdurchschnittlich viel Zink. Das Metall hat damit eine enorme Bedeutung in der Immunregulation. Bei Zinkmangel werden vermehrte Helfer- und verringerte Zahlen von Suppressorzellen registriert. Die Folge ist eine überschießende Immunreaktion, bei der die Helferzellen den eigenen Körper angreifen. Außerdem führt Zinkmangel zu einem Abfall der Lymphozytenzahl und so zu einer erhöhten Anfälligkeit gegen Virusinfektionen.

Checkliste: Vitamine und Mineralstoffe

Unentbehrlich für ein harmonisches Immunsystem sind folgende Vitamine, Mineralien und Spurenelemente:

- Zink
- Magnesium
- Selen

- Vitamin A
- Vitamin D
- Vitamin E.

Vitaminversorgung durch zusätzliche Präparate

Die Umkehr fataler Entwicklungen in der menschlichen Gesundheit ist abhängig von der ausreichenden Versorgung mit den oben genannten Vitalstoffen über eine Nahrungsmittelergänzung. Aufgrund zahlreicher Faktoren, denen man in der Industriegesellschaft nicht entgehen kann(?), steigt der Bedarf an Vitaminen, Spurenelementen und Mineralstoffen immer weiter an.

Für diesen erhöhten Bedarf an Antioxidantien sind folgende Umstände ausschlaggebend:

- schlechte Ernährung aufgrund der Bodenüberdüngung
- zuwenig Vitamine
- Vergiftung von Luft, Wasser und Boden
- einseitige Ernährungsgewohnheiten
- Alkohol, Nikotin
- Bewegungsmangel und Streß.

All diese negativen Wirkungen zusammengenommen belasten unsere Immunabwehr nicht selten bis zur Erschöpfung.

Da Vitamine, Mineralstoffe und Spurenelemente vom Körper nicht gespeichert werden können, sind wir heute auf die zusätzliche Einnahme, z.B. von ägyptischem Schwarzkümmelöl, angewiesen.

Enzyme - die Müllabfuhr im Körper

Um die täglich anfallenden Abfallstoffe im menschlichen Körper zu beseitigen, welche durch die ständigen Abwehrvorgänge entstehen, braucht das Immunsystem Enzyme. Sie reinigen gewissermaßen das Immunsystem.

● Enzyme spalten Immunkomplexe.
● Enzyme machen das Blut dünnflüssiger.

Diese Immunkomplexe sind Eiweißverbindungen, die unser Immunsystem bildet, um gefährliche Bakterien oder Viren abzuwehren. Doch nach dem Kampf müssen die im Kampf »gefallenen Soldaten« wieder abtransportiert werden. Dafür sind die Enzyme zuständig.

Sind nicht genügend Enzyme vorhanden, können die Immunkomplexe nicht gespalten und abtransportiert werden. Sie lagern sich an verschiedenen Stellen des Körpers an. Dadurch können sich Rheumabeschwerden, Gefäßverkalkungen bis hin zu Gefäßverschlüssen und Herzinfarkt, aber auch bösartige Tumorleiden entwickeln. Proteolytische (eiweißspaltende) Enzyme sind hier Helfer in der Not: Sie lösen die Immunkomplexe auf und machen das Blut wieder dünnflüssiger.

Jeder unverträgliche Stoff (Allergen) führt zu einer immunologischen Reaktion. Es entstehen Immunkomplexe und Entzündungsstoffe, die nach langem Kontakt mit einem Allergen zur Überflutung des Körpers mit giftigen Entzündungsprodukten führen. Das Immunsystem wird zerstört, die Organe verschlacken.

Extrem wirksame Medikamente der Pharmaindustrie, richtige Chemiebomben, bleiben nie ohne Nebenwirkungen. Greifen Sie lieber zu sanften Naturheilmitteln.

Wird der Körper immer weiter durch unverträgliche Stoffe gereizt, dann entstehen immer mehr Immunkomplexe. Werden diese wegen Enzymmangels nicht abgebaut, kommt es zu einer Allergie. Irgendwann ist dann der Punkt erreicht, ab dem Immunkomplexe und Giftstoffe den Körper so überfluten, daß es neben der allergischen Erscheinung auch zu schweren funktionellen Organschäden und Folgeerkrankungen kommt. Die Folgen sind:

- Asthma bronchiale, spastische Bronchitis, Infektbronchitis
- Heuschnupfen
- Ohrekzeme, Hautjucken, Neurodermitis, Hautekzeme
- zu schneller Herzschlag
- Durchfälle, Darmentzündungen, Blähungen, Sodbrennen, Magenschleimhautreizungen
- Gelenkentzündungen
- Müdigkeit, Erschöpfungszustände.

Gegen Bronchitis und allergisches Asthma kann man auch mit der Einnahme von mehrfach ungesättigten Fettsäuren in jener Zusammensetzung, die im ägyptischen Schwarzkümmelöl gegeben ist, beste Heilerfolge erzielen.

Bei Durchblutungsstörungen, Schwindel, Beinschwellungen und Gelenkschmerzen hat sich zudem die regelmäßige ergänzende Einnahme von Enzymen bestens bewährt.

Schwarzkümmel in der Küche

Ägyptischer Schwarzkümmel ist nicht nur ein wertvolles Nahrungsergänzungsmittel, das der menschlichen Gesundheit große Dienste erweist, er ist als Samen auch ein außerordentlich wohlschmeckendes Gewürz und kaltgepreßt ein sehr edles und wertvolles Delikateßöl, das sich zur Zubereitung der unterschiedlichsten Speisen hervorragend eignet.

Beim Brotbacken werden von arabischen Feinschmeckern pro Kilogramm Mehl 100 Gramm Schwarzkümmelsamen zerkleinert beigemischt.

Auch in Deutschland gibt es schon Bäckereien, die Schwarzkümmelgebäck im Angebot haben. Damit ist das Heilmittel der Pharaonen auf dem besten Wege, auch in unseren Breiten heimisch zu werden.

Immer mehr Hobbybäcker entdecken den würzigen Geschmack von Schwarzkümmel. Sie machen es wie die Gourmets in den arabischen Ländern: Sie mischen gemahlenen Schwarzkümmelsamen zur Verfeinerung ins Gebäck oder streuen die wohlriechenden schwarzen Samen auf ihr Selbstgebackenes.

Schwarzkümmel in der Gesundheitsküche

Überall dort, wo Schwarzkümmel als Naturheilmittel bodenständig ist, beispielsweise in Ägypten, wird er von alters her zum Backen und Kochen verwendet. Die gesundheitlichen Heilwirkungen verbinden sich aufs angenehmste mit den geschmacklichen Qualitäten.

Schwarzkümmel verleiht Gebäck einen vorzüglichen Geschmack und fördert die Bekömmlichkeit. Er stärkt die Verdauung, das Immunsystem und verschönert Ihren Teint. Probieren Sie doch mal diese neuen Rezepte aus.

Schwarzkümmelmischbrot

Zutaten: 250 Gramm Weizenmehl, 500 Gramm Roggenmehl grob, ein Teelöffel Salz, ein Eßlöffel Schwarzkümmelöl flüssig, ein halber Liter Buttermilch, 140 Gramm Fett, ein Päckchen Hefe, 250 Gramm Natursauerteig, vier Eßlöffel naturbelassener Schwarzkümmelsamen.

Zubereitung: Mischen Sie aus den Zutaten einen nicht zu klebrigen Teig. Stellen Sie ihn dann warm, und lassen Sie ihn gehen, bis er etwa doppelt so groß geworden ist. Kneten Sie den Teig unter Mehlzugabe erneut durch, und formen Sie einen Laib daraus.
Kerben Sie die Oberfläche ein, bestreichen Sie sie mit Milch, und streuen Sie die Schwarzkümmelsamen darüber. Danach lassen Sie den Teig noch einmal gehen. Anschließend bei 200° C etwa 40 bis 50 Minuten im Ofen backen.

Schwarzkümmelhörnchen

Zutaten: 500 Gramm Weizenmehl, eine Prise Salz, ein achtel Liter Milch, ein achtel Liter Wasser, 20 Gramm Fett, ein Päckchen Hefe, ein Teelöffel Zucker, zwei Eßlöffel Schwarzkümmel; ein Eigelb zum Bestreichen.

Zubereitung: Kneten Sie aus den Zutaten einen geschmeidigen Teig, den Sie warm stellen und gehen lassen. Dann erneut durchkneten und ausrollen. Schneiden Sie etwa handtellergroße Quadrate, und rollen Sie sie zu Hörnchen auf. Lassen Sie die Hörnchen auf einem gefetteten Blech noch einmal gehen, bestreichen Sie ihre Oberfläche mit Eigelb, und bestreuen Sie sie mit dem Schwarzkümmel. Anschließend backen Sie die Hörnchen im Ofen bei 180 bis 200° C etwa 15 bis 20 Minuten.

Gerollte Brötchen mit Schwarzkümmel

Zutaten: 500 Gramm Weizenmehl, eine Prise Salz, 0,3 Liter Milch, ein Päckchen Hefe, ein Teelöffel Zucker, 50 Gramm Fett; Ei und Schwarzkümmel zum Bestreichen.

Zubereitung: Kneten Sie aus den Zutaten einen geschmeidigen Teig, dann warm stellen und gehen lassen. Erneut durchkneten. Formen Sie kleine Stränge, von denen Sie gleichmäßige Stücke abschneiden, ausrollen und wie Rouladen aufrollen. Lassen Sie sie auf einem gefettetem Backblech erneut gehen. Dann mit der Gabel einstechen, mit Ei bestreichen und mit Schwarzkümmel bestreuen. Bei 200 bis 220° C etwa 15 bis 20 Minuten im Ofen backen.

Schwarzkümmelbrötchen

Zutaten: 500 Gramm Weizenmehl, eine Prise Salz, ein achtel Liter Milch, 60 Gramm Fett, ein Päckchen Hefe, ein Teelöffel Zucker; zwei Eßlöffel Schwarzkümmel zum Bestreuen.

Zubereitung: Kneten Sie aus den Zutaten einen Teig, den Sie warm stellen und gehen lassen. Erneut kneten, Kugeln daraus formen und sie auf einem gefetteten Blech noch einmal gehen lassen. Geben Sie in die Vertiefungen Butter und Schwarzkümmel. Backen Sie die Brötchen anschließend bei 200° C 15 Minuten.

Schwarzkümmelkranz

Zutaten: 500 Gramm Roggenmehl fein, ein Teelöffel Salz, ein viertel Liter Milch, 50 Gramm Fett, ein Päckchen Hefe, ein Teelöffel Zucker, ein Ei, 250 Gramm Natursauerteig; Schwarzkümmel zum Bestreuen.

Zubereitung: Mischen Sie aus den Zutaten einen Teig, und lassen Sie ihn über Nacht gehen; dann durchkneten. Formen Sie zwei gleichmäßige Rollen, verschlingen Sie sie spiralförmig, und legen Sie sie auf einem gefetteten Backblech zu einem Kranz. Erneut gehen lassen, mit Eigelb bestreichen und mit Schwarzkümmel bestreuen. Danach bei 200° C 40 bis 50 Minuten im Ofen backen.

Blätterteignester mit Schwarzkümmel

Zutaten: Blätterteig für die gewünschte Anzahl Taschen, je Tasche fünf Gramm Schwarzkümmelsamen und ein Teelöffel Apfelessig.

Zubereitung: Stellen Sie den Blätterteig wie gewohnt oder nach Kochbuch her, oder verwenden Sie tiefgefrorenen Blätterteig.

Für die Füllung: Mischen Sie für jede Tasche die Schwarzkümmelsamen und den Apfelessig, kochen Sie sie zusammen etwa zwei Minuten auf, und lassen Sie sie weitere fünf Minuten ziehen. Die Blätterteignester oder -taschen werden damit gefüllt und dann etwa 20 bis 30 Minuten im Ofen bei mittlerer Hitze gebacken.

Andere kulinarische Schwarzkümmelköstlichkeiten

Schwarzkümmel zu Fleischgerichten

Fleisch in Olivenöl anbraten und zwei Teelöffel Schwarzkümmelöl flüssig zugeben. Während des Garens das Fleisch immer wieder mit Öl übergießen.

Das verleiht jedem Fleischgericht ein sehr angenehmes Aroma.

Verzaubernder Würzstoff

Wollen Sie Ihr Gebäck einmal auf eine neue Art würzen, dann können Sie Mohn und Schwarzkümmel im Verhältnis von eins zu eins mischen und ins Gebäck geben. Die andere Möglichkeit ist einfach, zerkleinerten oder auch naturbelassenen Schwarzkümmel auf Ihre Backwaren zu streuen.

Neue Salatkreation

Arabische Köche empfehlen, Schwarzkümmelsamen in den Salat zu mischen. Das verleiht dem Gericht einen herzhaften, unverwechselbaren Geschmack. Pro Salatteller ist die Beimengung von einem gestrichen vollen Eßlöffel Schwarzkümmel üblich.

Tausendundeine Nacht im Einmachglas
Wer selbst Gemüse einlegt, beispielsweise in Salz oder Essig, kann mit einer kräftigen Prise Schwarzkümmel als Beimengung einen Hauch von Tausendundeiner Nacht in sein Einmachglas zaubern. Außerdem hat er damit sogar noch etwas Gutes für die Haltbarkeit des Eingelegten getan, denn Schwarzkümmel wirkt antibakteriell, fördert also die Konservierung. So können Sie auch in vielen Jahren noch an Ihre persönliche Entdeckung des Schwarzkümmels denken. Bis dahin haben Sie dann sicher auch die positiven Wirkungen des Schwarzkümmels aus eigenen Erfahrungen kennengelernt.

Teeduft
Auch als Teeaufguß eignen sich die schwarzen Samen. Auf ein Glas rechnet man einen Eßlöffel voll. Die Samen mit kochendem Wasser überbrühen und anschließend etwa zehn Minuten ziehen lassen. Der Duft, der dem Gefäß entsteigt, entführt in die Nomadenzelte der Wüste, wo ägyptische Wunderheiler nach ihren uralten Rezepten die schlimmsten Krankheiten auskurieren. Er erinnert Sie an die Wüstenkarawanen, an Sonne und Urlaub.

Kaffeearoma
Wer lieber Kaffee trinkt, braucht deshalb auf das morgenländische Aroma des Schwarzkümmels keineswegs zu verzichten. In den Bazars und Cafés des Orients wird dem gemahlenen Kaffee je nach Geschmack eine größere oder kleinere Prise Schwarzkümmel, der eben-

falls gemahlen sein soll, beigemischt. Die Menge richtet sich nach dem persönlichen Geschmack.

Wer seine Kaffeebohnen frisch mahlt, kann die gewünschte Menge Schwarzkümmelsamen schon vorher damit vermengen und sie dann mit durchmahlen.

Ihre persönliche Schwarzkümmelkur

Nutzen Sie die Vorteile des Schwarzkümmels zum dauerhaften Schutz vor Krankheiten und für ein gutes Allgemeinbefinden. Sollten Sie sich vollkommen gesund und fit fühlen, ist es dennoch ratsam, eine der Kombinationskuren durchzuführen, damit dieser Zustand auch sicher erhalten bleibt. Stellen Sie sich Ihre persönliche Schwarzkümmelkur aus folgender Auswahl zusammen. Verwenden Sie dazu am besten Schwarzkümmelöl-Kapseln oder das flüssige Öl (Bezugsquellen siehe Seite 105f.).

● Täglich dreimal zwei Kapseln bzw. dreimal 25 Tropfen Schwarzkümmelöl, dazu zweimal eine Brausetablette Magnesium und ein Gramm Vitamin C.

● Täglich dreimal zwei Kapseln bzw. dreimal 25 Tropfen Schwarzkümmelöl, einmal eine Kalziumbrausetablette, ein Gramm Vitamin C täglich.

● Gesteigerte Form: Täglich dreimal zwei Kapseln bzw. dreimal 25 Tropfen Schwarzkümmelöl, dreimal zwei Dragees Enzyme, eine Brausetablette Magnesium, eine Brausetablette Kalzium, ein Gramm Vitamin C.

● Immunganzheitskur: Täglich dreimal zwei Kapseln bzw. dreimal 25 Tropfen Schwarzkümmelöl, drei Dragees Multivitamine, dreimal zwei Dragees Enzyme. Diese Kur soll nach vier bis sechs Monaten abgesetzt werden.

Schwarzkümmel für Ihr individuelles Problem

Bindegewebsschwäche
Zur Langzeittherapie einer Bindegewebsschwäche sollten Sie dreimal täglich zwei Kapseln bzw. dreimal 25 Tropfen Schwarzkümmelöl und dreimal zwei Dragees Enzyme einnehmen; dazu drei Dragees Multivitamine und etwa ein bis drei Gramm Vitamin C täglich als Ergänzung. Auch Schwarzkümmelöl und Apfelessig-Schwarzkümmel-Mischungen sind bei einer Bindegewebsschwäche zu empfehlen.

Haare
Rezeptur für gesunde Haare: Täglich dreimal zwei Kapseln bzw. dreimal 25 Tropfen ägyptisches Schwarzkümmelöl und ein bis drei Dragees Multivitamine pro Tag.
Als Spezialkur für die Haare empfiehlt sich: Täglich dreimal zwei Kapseln bzw. dreimal 25 Tropfen ägyptisches Schwarzkümmelöl, dreimal täglich zwei Dragees Multivitamine. Zusätzlich sollten die Haare mit Arysana Haartonikum und Arysana Haarshampoo behandelt werden.
Als Spezialkur zur Revitalisierung von angegriffenem Haar hat sich bewährt: Dreimal täglich zwei Kapseln bzw. dreimal 25 Tropfen ägyptisches Schwarzkümmelöl, dreimal täglich zwei Dragees Multivitamine; Arysana Haartonikum, Arysana Haarshampoo sowie Selen- und Zinkpräparate (aus der Apotheke) nach Angaben des Herstellers einnehmen.
Diese Spezialkur für Ihre Haare wirkt von innen und von außen: von innen durch essentielle Fettsäuren, Beta-Karotin und Folsäure; von außen durch das im Haartonikum und im Haarshampoo enthaltene Biotin, das die Kopfhaut und die Haarwurzeln aktiviert.

Haut, angegriffene
Spezialrezeptur für besonders angegriffene Haut: Dreimal zwei Kapseln bzw. dreimal 25 Tropfen Schwarzkümmelöl pro Tag, dreimal zwei Dragees Multivitamine; Zinkorotat (aus der Apotheke) nach Angaben des Herstellers einnehmen.
Als Badezusatz etwa fünf Milliliter Schwarzkümmelöl zweimal pro Woche verwenden.

Hautrevitalisierung
Rezeptur für die Revitalisierung der Haut: Täglich dreimal zwei Kapseln bzw. dreimal 25 Tropfen Schwarzkümmelöl, täglich dreimal zwei Dragees Multivitamine.
Als Badezusatz etwa fünf Milliliter Schwarzkümmelöl zweimal pro Woche verwenden.

Nagelrevitalisierung
Rezeptur: Dreimal zwei Kapseln bzw. dreimal 25 Tropfen Schwarzkümmelöl täglich, dreimal zwei Dragees Multivitamine; Enzyme und Zink nach Angabe auf der Packungsbeilage.

Schleimhautkur zum Immunaufbau
Als Schleimhautkur empfiehlt es sich, dreimal täglich zwei Kapseln bzw. dreimal 25 Tropfen Schwarzkümmelöl und dreimal zwei Dragees Multivitamine einzunehmen. Zusätzlich sollten Sie die mehrfach erwähnte Rezeptur mit Schwarzkümmel und Apfelessig anwenden.
Eine weitere, sehr nützliche Therapie für die Schleimhautentgiftung ist z.B. eine 20minütige Ölspülung.
Dabei kann man folgendermaßen vorgehen: 20 Milliliter Olivenöl oder 20 Milliliter Distelöl in den Mund neh-

men und hin und her spülen. Das Öl muß allerdings nach ca. 20 Minuten ausgespuckt werden. Diese Spülkur ist sehr effektiv beim Schleimhautaufbau und dient auch zur Entgiftung.

Schutz für Frauen, die die Pille einnehmen
Da die Einnahme der Antibabypille die natürliche bakterielle Flora angreift, sollten die Betroffenen Maßnahmen gegen die Nebenwirkungen der Pille ergreifen: Dreimal zwei Kapseln bzw. dreimal 25 Tropfen Schwarzkümmelöl täglich, dazu drei Dragees Multivitamine und dreimal zwei Dragees Enzyme sowie Selen (beides erhalten Sie in der Apotheke) nach Packungsangaben einnehmen.

Neben Beta-Karotin – es schützt vor Krebs – ist das in den Multivitaminpräparaten enthaltene Vitamin B6 extrem wichtig für alle Frauen, die die Pille einnehmen, denn durch die Pille sinkt die Vitamin-B6-Konzentration im Blut stark ab.

Besonders wichtig sind auch Enzyme, die das Thromboserisiko senken. Zusammen wirken die Vitamine E, Beta-Karotin, B1, B2, B6, Folsäure und Biotin immunologisch gegen die Entwicklung chronischer Erkrankungen.

Schwarzkümmel in der Hausapotheke

• •

Die hier zusammengestellte alphabetische Hausapotheke bietet Ihnen praxiserprobte Schwarzkümmelanwendungen zu zahlreichen Problemen. Hier finden Sie Rat und Tips zum Alltagseinsatz von Schwarzkümmel.

Allergien
Siehe Seite 39f.

Asthma bronchiale
Siehe Seite 51ff.

Augenentzündung
Heizungsluft, Klimaanlagen, Umweltgifte, Infektionserreger u.a. führen bei vielen Menschen zu trockenen, brennenden Augen. Langes Arbeiten am Computerbildschirm oder Lesen bei schlechtem Licht strapaziert die Augen zusätzlich. Bei chronischer Trockenheit der Augen, Bindehaut- oder Augenlidentzündung helfen Kompressen mit dem entzündungshemmenden Schwarzkümmel: Einen Eßlöffel zerkleinerte Schwarzkümmelsamen in einer Tasse Wasser kurz aufkochen, zehn Minuten ziehen lassen und abseihen. Zwei Baumwollkompressen mit der Flüssigkeit tränken, ausdrücken und zehn Minuten auf die Augen legen.

Blähungen (Flatulenz)
Zwei Gläser Apfelessig, ein Glas feingemahlene Schwarzkümmelsamen, ein Glas flüssiges Schwarzkümmelöl.
Der Apfelessig wird erhitzt, der Schwarzkümmel ein-
gerührt und die Mischung aufgekocht. Nun das Schwarzkümmelöl zugeben und alles gut verrühren. Nach dem
Abkühlen dreimal täglich einen Eßlöffel voll vor den
Mahlzeiten einnehmen. Dazu empfiehlt sich als Dauer-
medikation die Einnahme von dreimal täglich zwei Kapseln bzw. dreimal 25 Tropfen Schwarzkümmelöl.

Bluthochdruck
Um den gefährlichen Spätfolgen dieser Volkskrankheit
vorzubeugen, wird folgende Rezeptur empfohlen. Zutaten: Ein Teelöffel feingemahlener Schwarzkümmel,
zwei Eßlöffel Honig, eine kleine Knoblauchzehe. Zubereitung: Die Knoblauchzehe zerdrücken und sämtliche
Zutaten gründlich mischen. Einnahme: Vor dem Frühstück, etwa 10 bis 20 Tage lang; bei Bedarf auch weiterhin. Geben Sie zusätzlich einige Tropfen Schwarzkümmelöl in ein warmes Getränk, und nehmen Sie es in
kleinen Schlucken zu sich. Das können Sie mehrmals
täglich wiederholen.

Bronchitis
Sie brauchen einen Teelöffel feingemahlenen Schwarzkümmel, zwei Eßlöffel Honig, eine kleine Knoblauchzehe. Die Knoblauchzehe zerdrücken, mit Honig und
Schwarzkümmel vermischen und jeweils vor dem Frühstück einen Teelöffel davon einnehmen. Diese Anwendung sollte drei Wochen beibehalten werden. Sie hat
auch vorbeugende Wirkung.

Darmparasiten
Nehmen Sie oral dreimal täglich zwei Kapseln bzw. dreimal 25 Tropfen ägyptisches Schwarzkümmelöl ein. Wenden Sie dazu außerdem folgende Rezeptur an: Zwei Gläser Apfelessig erhitzen, kurz vor dem Kochen ein Glas feingemahlene Schwarzkümmelsamen einrühren. Die Mischung aufkochen lassen. Ein Glas flüssiges Schwarzkümmelöl dazugeben und alles gut verrühren. Abkühlen lassen und im Kühlschrank aufbewahren. Dreimal täglich vor den Mahlzeiten je einen Eßlöffel voll davon einnehmen.

Durchfall
Durchfall läßt sich durch Schwarzkümmeltee beheben: Geben Sie je einen Eßlöffel geriebenen Ingwer und Schwarzkümmelsamen auf eine Tasse kochendes Wasser. Trinken Sie mehrere Tassen davon über den Tag verteilt.

Frühjahrsmüdigkeit
Nehmen Sie bei Frühjahrsmüdigkeit dreimal täglich zwei Kapseln bzw. dreimal 25 Tropfen ägyptisches Schwarzkümmelöl ein. Zusätzlich geben Sie ein Gläschen Schwarzkümmelöl in einen Liter heißes Wasser. Inhalieren Sie die Dämpfe etwa eine Viertelstunde täglich. Dieses Dampfbad regt über die Lungen das ganze Immunsystem an und vertreibt so die vegetative Erschöpfung und die Müdigkeit.
Auch die Frühjahrsallergien (durch den Pollenflug) und Heuschnupfen können so bekämpft werden.

Gallenblasenprobleme
Probleme mit der Galle äußern sich meist in Form von Fettunverträglichkeit und Schmerzen im Oberbauch. Durch Schwarzkümmel können Sie den Gallenfluß regulieren. Jeder vierte Mensch, darunter vor allem Frauen, hat bei uns Gallensteine. Zur Vorbeugung nehmen Sie dreimal täglich ein bis zwei Kapseln Schwarzkümmelöl ein. Wenn Sie bereits Gallensteine haben oder chronische Störung der Gallenblase, empfiehlt es sich, zweimal täglich einen Eßlöffel folgender Paste einzunehmen: Einen halben Teelöffel zerkleinerten *Origanum syriacum* im Wasserbad mit einem Glas Honig verrühren. Einen Eßlöffel feingemahlenen Schwarzkümmel hinzugeben und gut mischen.

Gelenkschmerzen
Zur Behandlung von Gelenkschmerzen flüssiges Schwarzkümmelöl in einer Schale anwärmen. Die betroffenen Gelenke zweimal am Tag damit massieren. Vor jeder Anwendung wird das Öl erneut erwärmt. Beim entzündlichen Gelenkrheuma sollte es jedoch möglichst kühl aufgetragen werden.

Gesichtshaut, fahle
Leiden Sie unter fahler Gesichtshaut, sollten Sie dreimal täglich ein bis zwei Kapseln bzw. dreimal 20 bis 25 Tropfen ägyptisches Schwarzkümmelöl vor den Mahlzeiten einnehmen. Die heilsame Wirkung der mehrfach ungesättigten essentiellen Fettsäuren im Schwarzkümmelöl sorgt für eine Entgiftung des Organismus, eine Regeneration des Darms und eine Harmonisierung des Immunsystems.
Diese Gesundungsprozesse lassen auch die Haut nicht

unberührt. Sie blüht wieder auf, auch wenn sie vorher grau und stumpf war.

Haarpflege
Eine Haarkur mit dreimal täglich zwei Kapseln Schwarzkümmelöl stärkt angegriffenes, sprödes und glanzloses Haar. Ergänzen Sie die Kur durch Mineralstoffpräparate (Eisen, Zink, Selen).

Haarausfall hängt häufig mit einer Störung des Hormonhaushalts zusammen, der auch über eine Stärkung des Immunsystems beeinflußt werden kann. Probieren Sie folgende Tinktur aus: Mischen Sie zwei Eßlöffel feingemahlenen Schwarzkümmel mit zwei Eßlöffeln Rochlasaft aus der Apotheke. Fügen Sie zwei Eßlöffel Apfelessig und eine Tasse Olivenöl hinzu, rühren Sie gut um, und lassen Sie das Ganze eine halbe Stunde ziehen. Massieren Sie diese Tinktur täglich in die Kopfhaut ein, und lassen Sie sie 15 Minuten wirken. Anschließend gründlich auswaschen.

Hämorrhoiden
Zur Behandlung von Hämorrhoiden verglühen Sie Schwarzkümmelsamen in einer eisernen Pfanne, oder Sie verbrennen die Samen anderweitig. Lassen Sie die zurückbleibende Asche abkühlen, und geben Sie sie dann auf die schmerzenden Venenknoten.

Hautpflege
Um Ihre Haut ganz einfach und natürlich von innen zu pflegen, sollten Sie rote Rosinen in Schwarzkümmelöl einlegen und täglich einen Eßlöffel davon zusammen mit dem Öl essen. Oder Sie kauen Schwarzkümmelsamen und rote Rosinen zusammen, oder Sie nehmen

Schwarzkümmelölkapseln ein und essen rote Rosinen dazu.
Schwarzkümmelöl und Rosinen schmecken zusammen sehr aromatisch und erzeugen einen angenehmen und frischen Atem. Sie brauchen kein Mundwasser mehr.

Heuschnupfen

Gehören Sie zu den Heuschnupfengeplagten, dann sollten Sie rechtzeitig vor Beginn des ersten Pollenflugs im Frühjahr mit der Einnahme von täglich dreimal zwei Kapseln bzw. dreimal 25 Tropfen Schwarzkümmelöl beginnen. Wenden Sie es konsequent bis zum Ende des Pollenflugs im Herbst an.
Dadurch wird das Immunsystem so stabilisiert, daß die überschießenden Reaktionen und damit die allergischen Erscheinungen nicht mehr auftreten und Sie einen unbeschwerten Sommer verbringen können.

Husten

Bei Husten empfiehlt sich folgende Rezeptur: Einen Eßlöffel feingemahlene Schwarzkümmelsamen, einen Teelöffel Süßholz, einen halben Teelöffel Anis und einen Teelöffel Kamille in einen Teebeutel, ein Tee-Ei oder einfach in eine Tasse geben. Mit einer Tasse heißem Wasser aufbrühen, zehn Minuten ziehen lassen und eventuell durch ein Teesieb filtern.
Dieser Tee sollte mehrmals am Tag warm getrunken werden. Nach sechs bis zehn Tagen sind auch schwere Hustenformen abgeklungen.

Impotenz

Schwarzkümmel fördert die Produktion von Körpersäften und Sekreten und somit auch von Sexualhormonen. Durch die erweiternde Wirkung auf die Gefäße erhellt sich außerdem die Stimmung. Bei der Unfähigkeit des Mannes zum sexuellen Beischlaf empfehlen die ägyptischen Heiler die folgende Rezeptur: Ein Glas feingemahlenen Schwarzkümmel und ein Glas feingemahlenes *Inula Helenum* mit einem viertel Glas *Origanum* und einem halben Glas feingemahlenem Bockshornklee vermischen. Nehmen Sie täglich einen Eßlöffel davon, gemischt mit Honig, etwa eine Viertelstunde vor dem Frühstück ein.

Außerdem empfiehlt sich, ein Glas Vollmilch mit Malz im Verhältnis von eins zu eins zu mischen. Trinken Sie dieses Gemisch einmal täglich über einen Zeitraum von 40 Tagen.

Infektanfälligkeit

Als Grundbehandlung gegen erhöhte Infektanfälligkeit empfiehlt sich die Einnahme von dreimal täglich ein bis zwei Kapseln bzw. dreimal 20 bis 25 Tropfen ägyptischem Schwarzkümmelöl (Bezugsquellen s. Seite 105f.). Im akuten Stadium einer Infektion (grippaler Infekt, Schnupfen, Husten, Bronchitis) sollte auf jeden Fall zusätzlich inhaliert werden. Dadurch wird die Überwindung von Erkältungen, Atembeschwerden und anderen Infekten merklich beschleunigt.

Rezeptur für eine Inhalation: Ein Glas feingemahlene Schwarzkümmelsamen mit einem Liter kochendem Wasser überbrühen, etwas ziehen lassen und zweimal eine Viertelstunde täglich unter einem großen Handtuch tief und intensiv inhalieren.

Die Anwendung sollte eine Woche lang durchgeführt werden. Danach sind die Erkältungssymptome wie Schnupfen, Husten oder Bronchitis abgeklungen.

Insektenschutz
Um Stechmücken zu vertreiben, werden Schwarzkümmelsamen verbrannt. Wo kein offenes Feuer zur Verfü-
gung steht, kann man sich mit einer Bratpfanne helfen,
die man auf der Kochplatte erhitzt, bis die darin ver-
streuten Samen langsam verbrennen.
Besonders wirksam und angenehm ist es, Schwarzkümmel zusammen mit Weihrauch in der Schwenk-
büchse (Weihrauchkessel) aromatisch verglühen zu lassen. Es riecht sehr gut – und Insekten werden erfolgreich
vertrieben.

Konzentrationsschwäche
Wenn Sie unter Konzentrationsstörungen leiden, sollten
Sie einen Eßlöffel Schwarzkümmelsamen mit einem
Eßlöffel Myrrhe mischen. Diese Mischung nehmen Sie
dann dreimal täglich zu den Mahlzeiten ein.

Kopfschmerzen
Besonders bei Kopfschmerzen durch überanstrengte
Augen – beispielsweise nach stundenlanger Arbeit am
Computerbildschirm –, aber auch bei Migräne hilft folgendes Rezept: Mischen Sie feingemahlenen Schwarzkümmel mit gemahlenem Anis und gemahlenen Nelken zu gleichen Teilen.
Das entstandene Pulver sollten Sie vor dem Frühstück
und vor dem Mittagessen einnehmen. Als Dosis genügt
jeweils ein Teelöffel. Kauen Sie das Pulver gründlich
und lange, und spülen Sie es nicht mit Wasser hinunter.

Menstruationsbeschwerden
Viele Frauen leiden während der Menstruation unter
starken, krampfartigen Schmerzen. Schwarzkümmeltee

hat eine krampflösende Wirkung: Nehmen Sie einen Teelöffel Schwarzkümmelsamen pro Tasse, und lassen Sie ihn zehn Minuten ziehen. Trinken Sie täglich zwei Tassen.

Magen-Darm-Beschwerden

Beschwerden im Magen- und Darmbereich, wie beispielsweise Sodbrennen, Magenschmerzen, Magendrücken, Völlegefühl, Bauchgrimmen, Durchfälle und Verstopfung, können folgendermaßen behandelt werden:
Erwärmen Sie ein halbes Glas Milch, und rühren Sie zwei Eßlöffel flüssiges Schwarzkümmelöl hinein. Außerdem fügen Sie einen Eßlöffel Honig hinzu.
Rühren Sie kräftig um, bis sich die Zutaten in der Milch gelöst haben. Trinken Sie dreimal täglich vor den Mahlzeiten diese Schwarzkümmelmilch. Ihr Magen-Darm-Trakt wird sich rasch wieder beruhigen, und die Beschwerden werden verschwinden.

Magen-Darm-Schmerzen

Bei starken Schmerzen im Magen-Darm-Trakt empfiehlt sich die Einnahme von ca. 1,5 Gramm Schwarzkümmelöl täglich oral. Das entspricht in etwa der Dosis von dreimal täglich einer Kapsel bzw. dreimal 20 Tropfen ägyptischem Schwarzkümmelöl.

Nierensteine

Wenn Sie unter einem Nierenstein leiden, mischen Sie einen Teelöffel feingemahlenen Schwarzkümmel, zwei Eßlöffel Honig und eine kleine Knoblauchzehe in einem Schälchen gut durch. Nehmen Sie etwa 20 Tage lang jeweils vor dem Frühstück einen Eßlöffel dieser Mischung ein.

Ohrenschmerzen

Schwarzkümmelsamen in heißem Schwarzkümmelöl ausbacken und abseihen. Das Fett in die schmerzenden Ohren streichen. Diese Rezeptur hilft auch bei Nasennebenhöhlenentzündungen und bei Schnupfen.

Prellungen

Bei Prellungen und Verstauchungen tragen Sie eine Mischung aus Schwarzkümmel- und Arnikaöl (im Verhältnis 1:1) auf und massieren diese gründlich ein. Zur innerlichen Anwendung empfehlen sich dreimal täglich ein bis zwei Kapseln Schwarzkümmelöl.

Schädlinge vertreiben

Um Wäsche und Wollsachen vor gefräßigen Mottenlarven zu schützen, legt man kleine Leinensäckchen, die mit Schwarzkümmel gefüllt sind, zwischen die Textilien.

Schlafstörungen

Man beginnt mit der Behandlung bereits am frühen Morgen. Dazu bereitet man aus Schwarzkümmelsamen einen kräftigen Tee durch Überbrühen mit heißem Wasser (etwa ein Glas Samen auf einen Liter kochendes Wasser). Dieser Tee wird vor dem Frühstück auf nüchternen Magen getrunken. Außerdem empfiehlt es sich, am Abend etwa zwei Stunden nach Einnahme der letzten Mahlzeit diesen Tee nochmals zu trinken.

Sodbrennen

Sodbrennen ist häufig die Folge einer zu üppigen Mahlzeit und äußert sich als Brennen in der Speiseröhre. Ein Glas Milch mit ein paar Tropfen Schwarzkümmelöl verschafft Linderung.

Tiere mit Schwarzkümmel behandeln
Bei großen Säugetieren wird Schwarzkümmel pur mit großem Erfolg eingesetzt. Pro Tonne Futter wird ein Kilogramm (im akuten Fall bis fünf Kilogramm) Schwarzkümmelsamen zugegeben. Dieser Futterzusatz hilft bei Asthma, Neurodermitis, Ekzemen und Mastitis (Euterentzündung). Die Schwarzkümmelbeifütterung regt zusätzlich den Milchfluß bei Kühen an.
Auch bei Vögeln, bei Hunden, Katzen und Hamstern lohnt es sich, deren Immunsystem mit Schwarzkümmel zu stärken.

Tumorerkrankungen
Bei Tumorerkrankungen räumen amerikanische Forscher und uralte ägyptische Quellen dem Schwarzkümmelöl gleichermaßen hohe Bedeutung ein. Zur präventiven (vorbeugenden) Anwendung wird die Langzeiteinnahme von Schwarzkümmelöl empfohlen. Nehmen Sie dazu mindestens dreimal täglich zwei Kapseln bzw. dreimal 25 Tropfen Schwarzkümmelöl (Bezugsquellen siehe Seite 105f.) ein.

Unfruchtbarkeit (Infertilität)
Bei Unfruchtbarkeit empfiehlt die orientalische medizinische Lehre die tägliche Einnahme von wenigstens drei Gramm Schwarzkümmelöl (dies entspricht etwa dreimal zwei Kapseln bzw. dreimal 25 Tropfen Schwarzkümmelöl).
Zugleich ist jedoch die Einnahme von Zink von ganz entscheidender Bedeutung. Sie erhalten Zinkpräparate in der Apotheke (Einnahme nach den Angaben des Herstellers). Bei Unfruchtbarkeit sollte Schwarzkümmel außerdem in jeder anderen Form genutzt werden, z.B.

zur Speisezubereitung, als Backzutat, als Gewürz auf Brot und Gebäck, als aromatischer Zusatz in heißem Tee oder Kaffee sowie als reines Öl.

Vegetative Erschöpfung

Erschöpfungszustände bekämpft man durch die Einnahme von dreimal zwei Kapseln bzw. dreimal 25 Tropfen Schwarzkümmelöl. Zusätzlich sollten Schwarzkümmelsamen mit Gelee Royal im Verhältnis von zwei zu eins eingenommen werden.

Zahnfleischentzündung

Mischen Sie gemahlenen Schwarzkümmel, gemahlenen Anis und gemahlene Nelken zu gleichen Teilen. Speicheln Sie das Pulver im Mund ein, und schlucken Sie es danach hinunter. Diese Anwendung hilft auch bei Zahnschmerzen, z.B. durch entzündete Weisheitszähne oder durch Karies.

Bezugsquellen

• •

Sie erhalten sämtliche aus ägyptischem Schwarzkümmel hergestellten Nahrungsergänzungsmittel und Kosmetika folgender Firmen in allen gut sortierten Reformhäusern und Apotheken:

Amyris
Vaihinger Straße 36, 74343 Sachsenheim

Aromara GmbH
Albtalstr. 24b, 79837 St. Blasien

Brigitte-Versand
Johannesstraße 118, 73614 Schorndorf

Calendula nativ
Postfach 1118, 97944 Bocksberg

Dr. Dünner GmbH
Bahnhofstraße 24, 83052 Bruckmühl

Gewürzmühle Brecht GmbH
Ottostraße 1, 76344 Eggenstein

idunn, Naturkosmetik aus Schweden
Postfach 622, 73006 Göppingen

Lebensfreundliche Produkte
Mühlstraße 14, 37213 Witzenhausen

Life Light Naturwaren GmbH
Rohrbrunn 53, A-7572 Deutsch-Kaltenbrunn

NaturGut GmbH
Albtalstraße 24b, 79837 St. Blasien

Phyt-Immun GmbH
Ismaninger Straße 65, 81675 München

Spinnrad GmbH
Am Luftschacht 3A, 49886 Gelsenkirchen

Tierra Verde
Stettertgasse 15, 72766 Reutlingen

Register

Werner Zenker

Johanniskraut

Ein Geschenk der
Natur verhilft zu Aus-
geglichenheit und positiver
Lebenseinstellung

160 Seiten

TB 20590-0

Streßsituationen und erhöhte psychische Belastung
führen immer öfter zu
schwerwiegenden körper-
lichen Beschwerden. Meist
ist die chemische Keule kein
sinnvoller Weg aus der Krise.
Johanniskraut ist ein natür-
liches Heilmittel, dessen
Wirkkraft auf Stärkung und
Aufbau der geistigen und
körperlichen Gesundheit
zielt – ohne unangenehme
Nebenwirkungen. Dieses
Buch erläutert Ihnen einerseits, welche möglichen Ursachen Depressionen und
psychovegetativen Störun-
gen zugrunde liegen.
Außerdem zeigt es die un-
terschiedlichen Möglichkeiten auf, mit Johanniskraut-
Präparaten zu Lebensmut,
Tatkraft und Leistungs-
fähigkeit zurückzufinden,
die eine erste Voraussetzung
für den Weg aus der Krise
sind. Ein Ratgeber für jeden,
der die natürlichen Kräfte
von Johanniskraut zur Be-
wältigung schwieriger Le-
benslagen nutzen möchte.

Jean Carper

**Nahrung ist die
beste Medizin**

Sensationelle Erkenntnisse
über die Heilstoffe in
unseren Lebensmitteln

528 Seiten

TB 20504-8

Dieses Buch ist für jeden gesundheitsbewußten Menschen ebenso unentbehrlich wie für jeden aufgeschlossenen Mediziner: Wußten Sie beispielsweise, daß ein bis zwei gedämpfte Karotten pro Tag das Lungenkrebsrisiko mindern? Daß Fisch Herzkrankheiten vorbeugt und Arthritis, Migräne und Nierenbeschwerden lindert? Daß Knoblauch die Immunkräfte der wichtigen »Killerzellen« stärkt, gegen Blutgerinnsel und – wie auch Milch, Chilipfeffer und Zwiebeln – gegen chronische Bronchitis wirksam ist? Daß starker Kaffee Asthma bekämpft und grüner und schwarzer Tee die Entwicklung bestimmter Karzinogene blockieren? Durch die gezielte Nahrungsaufnahme ist es möglich, akute und chronische Krankheiten zu verhüten oder zu lindern – und das ohne die oftmals bei Medikamenten zu beobachtenden Nebenwirkungen.

Dr. Jörg Zittlau
**Die Ideal-Diät für
Ihre Blutgruppe**
Typgerechte Ernährung –
die neue Gesundheitsformel
160 Seiten
TB 20629-X
Originalausgabe

Dr. Jörg Zittlau legt in seinem Buch ein revolutionär neues Ernährungsprogramm vor: eine Diät, die perfekt abgestimmt ist auf Ihre Blutgruppe! Es ist wissenschaftlich erwiesen, daß der Körper je nach Bluttyp unterschiedlich Nahrung verarbeitet und Krankheitserreger bekämpft. Denn die Blutgruppen entstanden in unterschiedlichen Stadien der Evolution, um den Menschen jeweils optimal an die äußeren Bedingungen anzupassen. Die Konsequenz: Menschen mit Blutgruppe A vertragen beispielsweise Fleisch viel schlechter als Menschen der Blutgruppe 0. Dr. Jörg Zittlau hat für alle Typen einen detaillierten Ernährungs- und Wellnessplan ausgearbeitet. Die hämoharmonische Diät für Wohlbefinden, Fitneß und höchste Leistungsfähigkeit!